PHP 入門 I

Web アプリケーション作成例題集

草野　泰秀著

ISBN:
ISBN-13:978-1516912223

まえがき

　昨今，大型汎用コンピュータからミニコンピュータ・パーソナルコンピュータへダウンサイジング化が進んできました。それにともなって，コンピュータ言語もマシンに応じて，フォートラン言語，COBOL 言語からオブジェクト指向型言語へと進化しています。

　本書は，現在のコンピュータ社会で利用されている Web サイトのサーバ上で動作するオブジェクト指向型言語 PHP の入門書です。

　Web サイトも見るだけのものから，掲示板，フォーム，オンラインショッピングのようなユーザと Web サイト運営者の双方向のコミュニケーションがとれる Web サイトがあります。PHP は後者の方のユーザと Web サイト運営者の相互コミュニケーションをとるアプリケーションプログラムを作成できる言語です。

　したがって，個人でオンラインショッピングを開設しようと思っておられる方やホームページを開設しているが，閲覧者からの感想，意見，質問等をきいてコミュニケーションをとりたい方，また，ネット上でオンラインゲームを作成したい方，ネット上で動作する elearning ソフトウエアを作成したい方等にとって本書が役に立つと思っています。

　プログラミングをマスターするには，処理の流れアルゴリズムに沿ってコーディングして，実行します。エラーが出れば修正して実行を繰り返して理解を深めていけます。したがって，多くの例題やプログラムのパターンを理解すれば，さまざまなプログラム言語に対応できるようになります。

　本書の特徴は，

・簡単な例題から応用まで例題を多く扱っています。

・PHP プログラムで作成されたものは，Web ページ上で動作するので，世界に向けてのアピールができます。

・PHP プログラムで Web 上にあげれば，世界にむけて，営業範囲を広げることができます。

・実行手順は，まず，テキストエディタ（メモ帳等）で本書のプログラムを入力して

PHP プログラムを作成します。次に XAMPP を利用し Web サーバを起動して保存したファイルをブラウザから呼び出せば，即実行できます。

　本書があなたの夢の実現に役立てばと思っています。

2015 年 8 月 12 日

草野　泰秀

目次

第1章　　　環境設定..5

1.1 XAMPP とは...5

1.2　XAMPP の入手..5

1.3　XAMPP の起動..9

1.4　テキストエディタの入手..10

1.5　文字化け対策...10

1.6　定型ファイルの作成...13

第2章　　　PHP の基本...14

例題 2-1　print 文..14

2.1　PHP プログラム作成手順...14

2.2　PHP プログラム実行手順...16

2.3　PHP プログラム説明..16

例題 2-2　8 進数，16 進数の計算...17

例題 2-3　変数代入，表示...19

例題 2-4　書式設定（浮動小数点表示，10 進整数，2 進数整数，文字）........21

例題 2-5　日付表示...24

例題 2-6　四則計算...26

例題 2-7　if 文..29

例題 2-8　if-複数文...31

例題 2-9　if-else 文..34

例題 2-10　if-elseif 文　4 分岐..37

例題 2-11　switch 文...41

例題 2-12　if　演算子..46

例題 2-13　条件演算子...49

例題 2-14　for 文 1...51

例題 2-15　for 文 2-花の写真列表示...53

例題 2-16　for 文 3-花の写真行表示...56

例題 2-17　while 文 58

例題 2-18　do while 文 60

例題 2-19　for　二重ループ 62

第 2 章　章末問題 66

問題 2-1　日付表示 66

問題 2-2　16 進数の変換 66

問題 2-3　文字列表示 66

問題 2-4　和の計算 66

3 章　PHP の応用 67

例題 3-1　1 次元配列 67

例題 3-2　1 次元配列 70

例題 3-3　1 次元配列　continue 文 73

例題 3-4　1 次元配列　キー配列 76

例題 3-5　1 次元配列　foreach 文 80

例題 3-6　1 次元配列　count 文 83

例題 3-7　1 次元配列　array 文 85

例題 3-8 array 配列キーと値の組みあわせ指定 88

例題 3-9　配列の追加 push 90

例題 3-10　each・list 92

例題 3-11　並べ替え sort 94

例題 3-12　ksort 97

例題 3-13　配列を変数に変換 100

例題 3-14　compact 103

例題 3-15　配列の結合 array_merge 107

例題 3-16　2 次元配列 110

例題 3-17　2 次元配列　array 使用 113

例題 3-18　関数　function 文 116

例題 3-19　関数　小計計算 119

例題 3-20　関数　見出し表示 123

第 3 章　章末問題 125

　問題 3-1　current, next 文 125

　問題 3-2　sort 降順 126

　問題 3-3　2 次元配列 126

　問題 3-4　関数　面積計算 127

　問題 3-5　関数　小計計算 127

　問題 3-6　関数　見出し文字 127

第 4 章　クラス 128

　例題 4-1　class　オブジェクトの作成 128

　例題 4-2　複数のオブジェクト作成 132

　例題 4-3　カプセル化 136

　例題 4-4　コンストラクタ 140

　例題 4-4　派生クラス 146

　例題 4-5　ファイル分割 151

第 4 章　章末問題 155

　問題 4-1　複数オブジェクト 155

　問題 4-2　コンストラクタ 155

第 5 章　文字列 156

　例題 5-1　半角文字列比較 156

　例題 5-2　全角文字（漢字）列の長さ 159

　例題 5-3　文字の変換 162

　例題 5-4　検索 165

　例題 5-5　文字クラス 167

　例題 5-6　ファイルの拡張子変換 171

第 6 章　フォーム 173

　例題 6-1　フォーム　ドロップダウンメニュー 173

　例題 6-2　リストフォーム 175

　例題 6-3　フォーム選択　送信 177

　例題 6-4　テキストボックスから送信 181

例題 6-5　ラジオボタンで選択して送信 183

例題 6-6　実践的に実在 Web サーバからメールへ送信 187

第 2 章　章末問題解答 194

問題 2-1 の解答 194

問題 2-2 の解答 194

問題 2-3 の解答 195

問題 2-4 の解答 196

第 3 章　章末問題解答 197

問題 3-1 の解答 197

問題 3-2 の解答 198

問題 3-3 の解答 200

問題 3-4 の解答 202

問題 3-5 の解答 203

問題 3-6 の解答 205

第 4 章　章末問題解答 206

問題 4-1 の解答 206

問題 4-2 の解答 209

PHP 入門 I

Web アプリケーション作成例題集

第1章　環境設定

1.1 XAMPPとは

Web ページ（ホームページ）を見る端末をクライアントといい，Web ページを公開するコンピュータをサーバーといいますが，PHP はサーバ上で動作する。

これから PHP プログラムを作成して実行するのに，Web サーバーにアップしてから実行するには，ハードルが高すぎてやる気がそがれますよね。

安心してください，家のパソコンで，しかも，無料で利用できる仮想サーバーソフトが XAMPP である。

本書では，学習環境として XAMPP を使用する。したがって，Web クライアントと Web サーバが同一マシン上で稼働する環境で学習を行う。

1.2　XAMPP の入手

XAMPP の入手方法は，インターネット検索や多くの本に出ているが，ここでは，簡単に Windows ユーザーの方に対して説明する。

Web アプリケーションプログラムを作成するには，次の3つのものが必要である。

Apache（**Web** サーバ）

MySQL（**SQL** データベース）

Web プログラミング言語（**PHP**）

これらは，XAMPP に入っているので，とても使い勝手がいい。

Apache　Friends（次の URL）にアクセスする。

https://www.apachefriends.org/jp/index.html

上記画面の「**Windows 向け**」ボタンをクリックする。

下記画面に切り替わりインストーラーのダウンロードが開始されますので

ダウンロードが完了するまで少々お待ちください。

ここで、ダウンロードしたファイルは「**xampp-win32-1.8.3-3-VC11-installer.exe**」になる。

これは「**32bit 版 Windows**」のインストーラーになるが、「**64bit 版 Windows**」にも使

用することができる。

(2)XAMPP インストール

先ほどダウンロードした、「**xampp-win32-1.8.3-3-VC11-installer.exe**」をダブルクリックする。

　PC にウィルス対策ソフトがインストールされている場合、下記画面が表示されるので、「**Yes**」をクリックする。

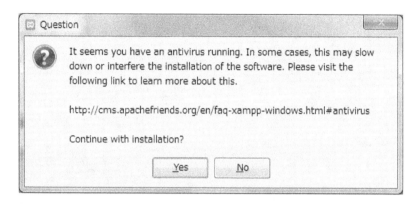

ここで下記画面が表示されるので、「**Next**」をクリックする。

次にインストールするソフトウェアを選択する画面が表示される。

今回はすべてのソフトウェアをインストールするので、全ての項目にチェックを入れて「**Next**」をクリックする。

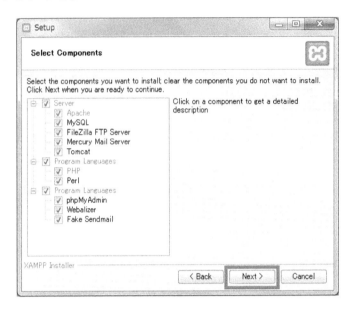

　既にインストールされているソフトウェアは灰色になり、選択できない。

続いて、インストールするフォルダの選択である。

デフォルトでインストール先は「**C:\xampp**」になっているので、ここは変更せずに「**Next**」をクリックする。

　インストール後、「**C:\xampp**」は約 **1GB** のフォルダになるので、**C** ドライブの容量をよく確認しておくこと。

　Xampp フォルダの中に **xampp-control.exe** というファイルがあるので，ディスクトップにショウトカットだす。

1.3　XAMPP の起動

上図の **xampp-control.exe** のショートカットをクリックすれば，下図のコントロールパネルが出てくるので，

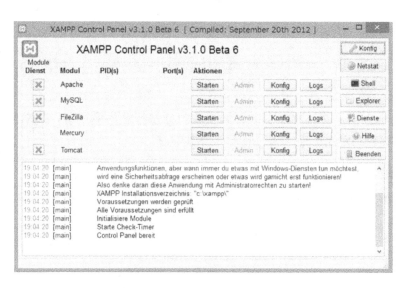

Apache の「**starten**」をクリックする。

　「**Apache**」の表示が緑色になれば成功である。

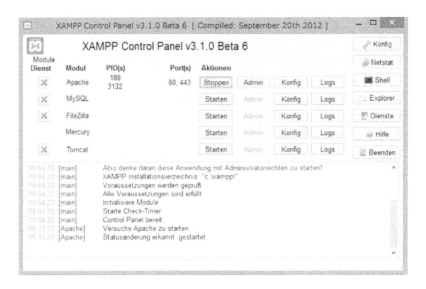

1.4 テキストエディタの入手

テキストエディタは，Windows に入っているメモ帳があるが，行数表示やファイル属性を設定できる便利なフリーソフトがあるので紹介する。

・ Crescent　Eve　作者 KASHIM.COM

ダウンロード URL: http://www.vector.co.jp/soft/winnt/net/se306751.html

・ TeraPad　作者　寺尾進氏

ダウンロード URL: http://www.vector.co.jp/soft/win95/writing/se104390.html

1.5 文字化け対策

1980 年代前半，マイクロソフトと日本企業数社が行動作業で JIS 規格にパソコン用の漢字コードを登録したものが Shift_JIS コードである。

一方 UNIX という OS を乗せたワークステーション上で用いられている漢字コード EUC-JPは，Shift_JIS と全く違っている。

Windows パソコンで UNIX サーバーのホームページを見れば，文字化け対策をしていなければ，漢字コードが全く違うので文字化けが生じる。

これらの問題に対して「究極の文字コード UTF-8」が普及してきた。UTF-8とは，Unicode という文字コードの一種であり，世界中すべての文字に背番号を振って使えるようにという考えに立った規格である。

　したがって，パソコン側とサーバー側の漢字コードを **UTF-8** にすることによって，
文字化けを防ぐことができる。

1.5.1　サーバー側を **UTF-8** コードにする方法

　テキストエディタ **Crescent　Eve** で

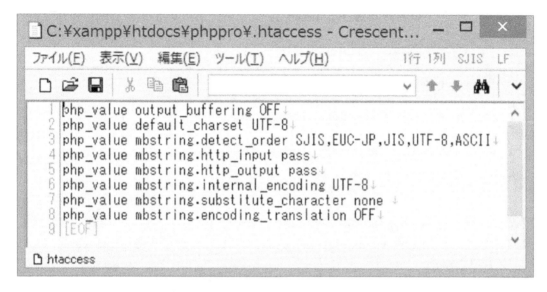

を入力して，次の図のように文字コードを **UTF-8** にして

Xampp フォルダの中にある **htdocs** のフォルダの中に「**.htaccess**」というファイル名で
保存する。

　PHP プログラムを保存する場所に「**.htaccess**」を入れておけばいいので，

htdocs の中に **PHP** プログラムを格納するフォルダ **phppro** を作成し，そのフォルダの中
に「**.htaccess**」ファイルを入れておけば良い。

　本によっては，**php.ini** を書き換える方法もあるが，こちらの方法の方が危険を避け
られるのではないかと思われる。

「**.htaccess**」ファイルについては，１文字も入力ミスのないように入力しなければなら
ないので，次に示す内容と照合してください。入力ミスがあれば,文字化けが発生する。

php_value output_buffering OFF

php_value default_charset UTF-8

php_value mbstring.detect_order SJIS,EUC-JP,JIS,UTF-8,ASCII

php_value mbstring.http_input pass

php_value mbstring.http_output pass

php_value mbstring.internal_encoding UTF-8

php_value mbstring.substitute_character none

php_value mbstring.encoding_translation OFF

「.htaccess」ファイルの内容

入力が完了すれば，c:\xampp\htdocs の phppro フォルダに，ファイルの種類「すべてのファイル（*.*）」，文字コード「UTF-8」を設定して，ファイル名「.htaccess」を入力する。（下図参照）

「.htaccess」ファイルの保存ダイアログボックス

1.6　定型ファイルの作成

　プログラム言語には,メインプログラムの前後に決められた文を付けなければ、プログラムが実行できないものが多くある。

　PHP も,HTML 言語の中で実行されるので,次の定型文を作成しておけば,毎回入力しないで済むので便利がいいと思われる。

```
<!DOCTYPE html>

<html>

    <head>

        <meta charset=" UTF-8" >

        <title>PHP 入門 I </title>

    </head>

    <body>


    </body>

</html>
```

定型文

　PHP プログラムは,上記のプログラムの**<body>**と**</body>**の間に書く。

　この定型ファイルを作成しておけば,このファイルをコピーして使い回せば,以後この部分は入力しなくて済むので,プログラム作成の効率がいい。このファイル名を**teikei.php** として **php** フォルダに保存する。

第2章　PHP の基本

例題 2-1　print 文

例題 2-1　下図に示すような「これから PHP を頑張りましょう！」という文を表示する PHP プログラムを作成せよ。

これからPHPを頑張りましょう！

例題 2-1 の出力

2.1　PHP プログラム作成手順

（1）　第 1 章の定型文のファイル teikei.php をテキストエディタ **Crescent　Eve** で開く。

```
 1 |<!DOCTYPE html>↓
 2 |<html>↓
 3 |    <head>↓
 4 |        <title>↓
 5 |            例題↓
 6 |        </title>↓
 7 |    </head>↓
 8 |    <body>↓
 9 |    ↓
10 |    <?php↓
11 |    ↓
12 |    ?>↓
13 |    </body>↓
14 |</html>[EOF]
```

（2）PHP プログラムは，<body>と</body>の間に<?php>と?>を上図のように入れて，

その中に次のような print 文を書く。

（3）保存場所を c:¥xampp¥htdocs¥phppro（下図参照），保存コード「UTF-8」

を指定して，ファイル名を rei1.php で保存する。

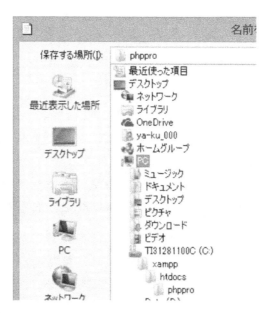

【例題 2-1　PHP プログラム】

```
<!DOCTYPE html>

<html>

    <head>

        <title>

            例題 2-1

        </title>

    </head>

    <body>


    <?php
```

print "これからＰＨＰを頑張りましょう！
";

    ?>

    </body>

    </html>

2.2 PHP プログラム実行手順

（1）　第 1 章で作成した **xampp-control.exe**のショートカットをクリックして，**Apache**の「**Starten**」ボタンをクリックして，**Apache** を緑色にすることにより，Web サーバ **Apache** を起動させる。（下図参照）

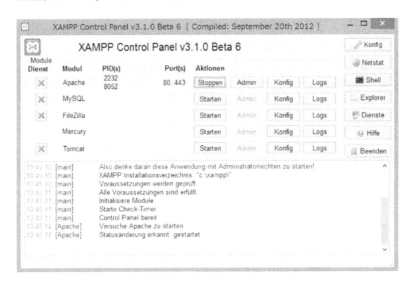

（2）　ブラウザのインターネットエクスプローラを立ち上げでアドレスに

http://localhost/phppro/rei1.php

を入力すれば，実行できる。

2.3 PHP プログラム説明

・print 文

  ダブルコーテーション "で囲んだ中の文字を表示させる。

改行命令である。

文の最後にはセミコロン；を付ける。

今回は 1 文であるが，数行の命令があれば，1 文ずつ原則として記述順に処理される。

print "これからＰＨＰを頑張りましょう！
";

この命令でダブルコーテーションのなかの「これからＰＨＰを頑張りましょう！」が表示される。

例題 2-2　8 進数，16 進数の計算

例題 2-2　8 進数の 77 と 16 進数の 77 は 10 進数ではいくらになるか PHP プログラムを作成せよ。

```
10進数の77＝77
8進数の77＝63
16進数の77＝119
```

例題 2-2 の出力

【例題 2-2　PHP プログラム】

```
<!DOCTYPE html>

<html>

  <head>

    <title>

      例題 2-2

    </title>

  </head>

  <body>

  <?php
```

```
print "10 進数の 77=";

print 77;

print "<br>";

print "8 進数の 77=";

print 077;

print "<br>";

print "16 進数の 77=";

print 0x77;

print "<br>";

?>

</body>

</html>
```

【文法説明】

・ 8 進数表示するには，数値の前に 0 （ゼロ）を付ける。

・ 16 進数表示するには，数値の前に 0ｘ（ゼロエックス）を付ける。

【例題 2-2　プログラム解説】

print "10 進数の 77=";

「10 進数の 77=」を表示させている。

print 77;

10 進数の場合はダブルコーテーション "で囲まなくで書けばよい。

print "<br>";

改行命令である。

print "8 進数の 77＝";

print 077;

8 進数表示なので，数値の前に 0 をつけている。

10 進数に変換する計算は 8×7+7=63 となる。

print "<br>";

print "16 進数の 77＝";

print 0x77;

16 進数表示なので数値の前に 0 x をつけている。

10 進数に変換する計算は 16×7+7=119 となる。

print "<br>";

例題 2-3　変数代入，表示

例題 2-3　氏名の変数\$name に「山田太郎」を，年齢の変数\$tosi に 20 を代入して，表示する PHP プログラムを作成せよ。出力形式は，次のような出力例のようにすること。

私の名前は'山田太郎'です。
年齢は'20'歳です。

例題 2-3 の出力例

【例題 2-3　PHP プログラム】

```
<!!DOCTYPE html>

<html>

    <head>

        <title>
```

例題 2-3

```
          </title>

        </head>

        <body>

        <?php

          $name="山田太郎";

          $tosi=20;

          print "私の名前は'$name'です。<br/>";

          print "年齢は'$tosi'歳です。<br/>";

        ?>

        </body>

      </html>
```

【文法説明】

・変数

変数を利用するには、変数に対する名前と変数に格納する値を使う。

変数は事前に宣言は必要はない。値を格納した時点からその変数を利用することが出来る。それぞれの変数を区別するために変数には任意の変数名がつけられる。変数は「$」＋変数名で表される。

$変数名 = 値;

【例題 2-3　プログラム解説】

$name="山田太郎";

変数名$name に文字データ「山田太郎」が代入されている。

$tosi=20;

変数名$tosi にデータ「20」が代入されている。

print "私の名前は'$name'です。
";

$name に格納されたデータ「山田太郎」が表示されて

「私の名前は'山田太郎'です。」と出力されている。

print "年齢は'$tosi'歳です。
";

$tosi に格納されたデータ「20」が表示されている。

例題 2-4　書式設定（浮動小数点表示，10 進整数，2 進数整数，文字）

例題2-4　次図の出力例に示すような，浮動小数点の円周率（3桁表示），浮動小数点の円周率（5桁表示），254の10進整数表示と2進数整数表示，文字表示「がんばっていますか」を表示させる PHP プログラムを作成せよ。

浮動小数点数の円周率(3桁表示)は3.152です。
浮動小数点数の円周率(5桁表示)は3.15159です。
10進整数は254です。
2進整数は11111110です。
文字表示は「がんばっていますか」です。

例題 2-4 の出力例

【例題 2-4　PHP プログラム】

```
<!DOCTYPE html>

<html>

  <head>

    <title>

      例題 2-4
```

```
        </title>

    </head>

    <body>

    <?php

        $fnum = 3.15159;

        $n10=254;

        $moji="がんばっていますか";

        print(sprintf("浮動小数点数の円周率(3桁表示) は%.3f です。",
$fnum).'<br>');

        print(sprintf("浮動小数点数の円周率(5桁表示) は%.5f です。",
$fnum).'<br>');

        print(sprintf("10進整数は%d です。", $n10).'<br>');

        print(sprintf("2進整数は%b です。", $n10).'<br>');

        print(sprintf("文字表示は「%s」です。", $moji).'<br>');

    ?>

    </body>

</html>
```

【文法説明】

「sprintf」関数：引数に指定した値を指定の形式にフォーマットした文字列を取得する。この sprintf 文は C 言語よく似ていますので，C 言語を理解されている方にとって抵抗なく理解できる。

【型指定子】

% - パーセント文字。引数は不要である。

b - 引数を整数として扱い、バイナリの数値として表現する。

c - 引数を整数として扱い、その **ASCII** 値の文字として表現する。

d - 引数を整数として扱い、 **10** 進数として表現する。

e - 引数を科学記法として扱います (例 **1.2e+2**)。精度の指定子は、**PHP 5.2.1** 以降では小数点以下の桁数を表す。

u - 引数を整数として扱い、符号無しの **10** 進数として表現する。

f - 引数を **double** として扱い、浮動小数点数として表現する。

F - 引数を **float** として扱い、浮動小数点数として表現する(ロケールに依存 しません)。

o - 引数を整数として扱い、 **8** 進数として表現する。

s - 引数を文字列として扱い、表現する。

x - 引数を整数として扱い、**16** 進数として(小文字で)表現する。

X - 引数を整数として扱い、**16** 進数として(大文字で)表現する。

【例題 2-4　プログラム解説】

```
$fnum = 3.15159;
```

変数$fnum に 3.14159 を入れている。

```
$n10=254;
```

　　変数$n10 に 254 を入れている。

```
$moji="がんばっていますか";
```

変数$moji に 「がんばっていますか」 を入れている。

```
print(sprintf("浮動小数点数の円周率(3桁表示)は%.3f です。",
$fnum).'<br>');
```

sprintf 関数により指定形式の書式を設定している。書式%.3f により小数第

4位を四捨五入して小数第3位までの「3.142」を表示させている。

print(sprintf("浮動小数点数の円周率(5桁表示)は%.5f です。", $fnum).'
');

書式%.5f により小数第5位までの「3.14159」を表示させている。

print(sprintf("10進整数は%d です。", $n10).'
');

%d により10進整数を指定している。

print(sprintf("2進整数は%b です。", $n10).'
');

%b により2進整数を指定している。

print(sprintf("文字表示は「%s」です。", $moji).'
');

%s によりを文字表示を指定してしている。

例題 2-5　日付表示

例題 2-5　今日現在の日付（年月日）を表示する PHP プログラムを作成せよ。ただし，出力は次のようにすること。

今日は2015年08月01日です。
今日からPHPをはじめましょう！

例題 **2-5** の出力

【例題 2-5　PHP プログラム】

<!DOCTYPE html>

<html>

<head>

```
        <title>

            例題 2-5

        </title>

    </head>

    <body>

    <?php

        print "今日は".date("Y 年 m 月 d 日")."です。
<br/>";

        print "今日から PHP をはじめましょう！<br/>";

    ?>

    </body>

</html>
```

・日付関数：date()関数

　　引数は y/m/d であり，それぞれ y：年，m：月， d：日を意味する。

　　Y：4 桁の西暦年を表示する。

　　y:下 2 桁の西暦年を表示する。

【例題 2-5　プログラム解説】

　print "今日は".date("Y 年 m 月 d 日")."です。
";

　「今日は 2015 年 08 月 01 日です。」を表示させている。

　Y を小文字の y にすれば,

　「今日は 15 年 08 月 01 日です。」と表示される。

例題 2-6　四則計算

例題 2-6　変数 a に 8 を変数 b に 2 を代入して，a と b の和，差，積，商を計算する PHP プログラムを作成せよ。ただし，出力形式は次図の出力例に示すとおりとする。

$$a + b = '10'$$
$$a - b = '6'$$
$$a * b = '16'$$
$$a / b = '4'$$

例題 2-6 の出力例

・PHP プログラムも C 言語と同じ算術演算子である。

【算術演算子】

記述例	名前	処理・返り値
$a + $b	加算	両オペランドを加算した値を返す
$a − $b	減算	左辺と右辺の差を返す
$a * $b	乗算	左辺と右辺の積を返す
$a / $b	割算	左辺と右辺の商を返す
$a % $b	剰余	左辺を右辺で割った余りを返す

【例題 2-6　PHP プログラム】

```
<!!DOCTYPE html>

<html>
```

```
<head>
    <title>
```
例題 2-6　四則計算
```
    </title>
</head>
<body>
<?php
    $a=8;
    $b=2;
    $wa= $a + $b;
    $sa= $a - $b;
    $seki= $a * $b;
    $syou= $a / $b;
    print "a + b='$wa'<br/>";
    print "a - b='$sa'<br/>";
    print "a * b='$seki'<br/>";
    print "a / b='$syou'<br/>";
?>
</body>
</html>
```

【例題 2-6　プログラム解説】

```
    $a=8;
```

変数$a に 8 を代入している。

$b=2;

変数$b に 2 を代入している。

$wa= $a + $b;

$a と$b の和を変数$wa に代入している。

$sa= $a - $b;

　$a と$b の差を変数$sa に代入している。

$seki= $a * $b;

$a と$b の積を変数$seki に代入している。

$syou= $a / $b;

$a を$b で割った商を変数$syou に代入している。

print "a + b=' $wa'
";

和の計算結果を表示している。

print "a - b=' $sa'
";

差の計算結果を表示している。

print "a * b=' $seki'
";

積の計算結果を表示している。

print "a / b=' $syou'
";

商の計算結果を表示している。

例題 2-7　if 文

例題 2-7　変数$a と$b に任意の数値を与え，その与えられた数値を表示して，変数$a が大きい場合，「a は b より大きいです。」と表示させ，そうでないときは，与えられた数値のみを表示する PHP プログラムを作成せよ。出力形式は次のとおりとする。

a=7です。
b=3です。

---

aはbより大きいです。

例題 2-7 の出力例 1

---

a=2です。
b=3です。

例題 2-7 の出力例 2

【例題 2-7 のフローチャート】

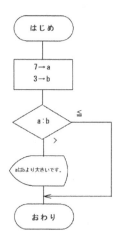

29

例題 2-7 のフローチャート（流れ図）は上図のようになる。a と b を比較して a>b の時のみ「a が b より大きいです。」を表示する。

【例題 2-7 の PHP プログラム】

```
<!!DOCTYPE html>

<html>

    <head>

        <title>

            例題 2-7　if 文

        </title>

    </head>

    <body>

    <?php

      $a=7;

      $b=3;

      print "a=7 です。<br/>";

      print "b=3 です。<br/>";

      print "<hr/>";

      if ($a > $b)

          print "a は b より大きいです。<br/>\n";

      print "<hr/>";

    ?>
```

```
　　〈/body〉

〈/html〉
```

【例題 2-7 のプログラム解説】

```
    $a=7;
```

変数 $a に 7 を格納している。

```
    $b=3;
```

変数 $b に 3 を格納している。

```
    print "a=7 です。<br/>";
```

a を表示している。

```
    print "b=3 です。<br/>";
```

b を表示している。

```
    print "<hr/>";
```

線を表示している。

```
    if ($a > $b)

        print "a は b より大きいです。<br/>¥n";
```

$a の内容が$b より大きい場合のみ「a は b より大きいです。」を表示する。

```
    print "<hr/>";
```

例題 2-8　if-複数文

例題 2-8　例題 7 において，変数$a と$b に任意の数値を与え，その与えられた数値を表示して，変数$a が大きい場合，「a は b より大きいです。」と表示させ，さらに $a から$b を引いた差$c を計算させる。また，「a は b より〇〇大きい。」と表示させる。そうでないときは，与えられた数値のみを表示する PHP プログラムを作成せよ。出力形式は次のとおりとする。

a=7です。
b= 3 です。

---

aはbより大きいです。
aはbより4大きい。

例題 2-8 の出力例

【例題 2-8 のプログラム】

```
<!!DOCTYPE html>

<html>

  <head>

    <title>

      例題 2-8  if-複数文

    </title>

  </head>

  <body>

  <?php

    $a=7;

    $b=3;

    print(sprintf( "a=%d です。",$a).'<br>');

    print(sprintf( "b= %d です。",$b).'<br>');

    print "<hr/>";
```

```
    if ($a > $b) {

        print "a は b より大きいです。<br>";

        $c=$a-$b;

        print(sprintf("a は b より%d 大きい。",$c).'<br>');

    }

    print "<hr/>";

?>

</body>
```
</html>

複数の文を処理するブロック if 文

ブロック if 文の一般形

```
if (条件) {

    文1 ;

    文2 ;

    ・・・

}
```

条件を満足すれば，｛の中の複数の文を上から順に1文ずつ

｝まで実行する。条件を満足しないならば ｛ ｝ を実行しない。

【例題 2-8 のプログラム解説】

```
    $a=7;
```

変数$a に7 を格納している。

```
    $b=3;
```

```
print(sprintf("a=%d です。",$a).'<br>');
```

sprint 文を使用して，書式設定をして$a を表示している。

```
print(sprintf("b= %d です。",$b).'<br>');
```

```
print "<hr/>";
```

線を引く命令である。

```
if ($a > $b){
    print "aはbより大きいです。<br>";
    $c=$a-$b;
    print(sprintf("aはbより%d大きい。",$c).'<br>');
}
```

if 文の条件$a>$b を満足しているので

『「aはbより大きいです。」を表示させる命令文を実行する。

$a から$b を引いた値を$c に格納する命令を実行する。

「aはbより4大きい。」を表示させる命令文を実行する。』

の3つの命令文を実行してブロック if 文からでる。

例題 2-9　if-else 文

例題 2-9　変数$ten にデータを与え，70 点以上ならば「合格です。」を表示し，そうでないならば「不合格です。」を表示する PHP プログラムを作成せよ。

あなたは80点です。

合格です。

例題 2-9 の出力例

【例題 2-9 のプログラム】

```
<!DOCTYPE html>
<html>
    <head>
        <title>
            例題 2-9  if-else 文
        </title>
    </head>
    <body>
    <?php
      $ten=80;
      print(sprintf("あなたは%d点です。",$ten).'<br>');
      print "<hr>";
      if ($ten >= 70){
          print "合格です。<br>";
        }
        else{
          print "不合格です。<br>";
      }
      print "<hr>";
```

```
    ?>

    </body>

</html>
```

・if‐else 文の一般形

```
if (条件) {

        文 1

        文 2

        ・・・

    }

    else

    {

        文 3

        文 4

        ・・・

    }
```

条件が真ならば，文 1，文 2，・・・を実行し，条件が偽ならば，文 3，文 4，・・・を実行する。

【例題 2-9 のプログラム解説】

```
    $ten=80;
```

変数$ten に 80 を格納している。

```
    print(sprintf("あなたは%d 点です。",$ten).'<br>');
```

変数$ten を表示している。

```
print "<hr>";
```

　線を表示している。

```
if ($ten >= 70){

    print "合格です。<br>";

  }

 else{

    print "不合格です。<br>";

}
```

　　　変数$ten が 70 以上ならば「合格です。」を表示し，そうでないならば「不合格です。」を表示させる命令ぶんである。

　この場合は，$ten に 80 が格納されているので，条件は真であるので，

「合格です。」を表示する。

例題 2-10　if-elseif 文　4 分岐

例題 10　点数の変数$ten に任意の点を与え，その点数が

80 点以上ならば，「あなたの評点は優です。」

70 点以上 80 点未満ならば，「あなたの評点は良です。」

60 点以上 70 点未満ならば，「あなたの評点は可です。」

60 点未満ならば，「あなたの評点は不可です。」

を表示する PHP プログラムを作成せよ。

あなたは75点です。

あなたの評点は良です。

例題 2-10 の出力例

【例題 2-10 のプログラム】

```
<!DOCTYPE html>

<html>

  <head>

    <title>

      例題 2-10　if-elseif 文　4 分岐

    </title>

  </head>

  <body>

<?php

  $ten=75;

  print(sprintf("あなたは%d 点です。",$ten).'<br>');

  print "<hr>";

  if ($ten >= 80){

      print "あなたの評点は優です。<br>";

  }
```

```
        elseif($ten >= 70){

            print "あなたの評点は良です。<br>";

         }

        elseif($ten >= 60){

            print "あなたの評点は可です。<br>";

         }

        else{

            print "あなたの評点は不可です。<br>";

        }

        print "<hr>";

      ?>

      </body>

    </html>
```

・if（条件）　elseif 文の一般形

・if（条件 1）｛

　　文 1

　　文 2

　　・・・

　　｝

　elseif（条件 2）｛

　　文 3

　　文 4

```
      ・・・

      }

   elseif(条件 3) {

      文 5

      文 6

      ・・・

      }

   else{

      ・・・

      }
```

　条件 1 の判断が真ならば文 1，文 2・・・を実行する。もしも偽ならば条件 2 を判断する。条件 2 の判断が真ならば，文 3，文 4・・・を実行する。このように次々とはんだんしていき，すべて偽ならば，else 以下の文を実行する。

【例題 2-10 のプログラム解説】

```
   $ten=75;
```

　変数$ten に 75 を格納している。

```
   print(sprintf( "あなたは%d 点です。",$ten).'<br>');
```

　変数$ten を表示している。

```
   print "<hr>";
```

　線を表示している。

```
   if ($ten >= 80){

        print "あなたの評点は優です。<br>";
```

```
        }
    elseif($ten >= 70){

        print "あなたの評点は良です。<br>";

    }
    elseif($ten >= 60){

        print "あなたの評点は可です。<br>";

    }
    else{

        print "あなたの評点は不可です。<br>";

    }
```

変数$ten 点数が

80 点以上ならば，「あなたの評点は優です。」

70 点以上 80 点未満ならば，「あなたの評点は良です。」

60 点以上 70 点未満ならば，「あなたの評点は可です。」

60 点未満ならば，「あなたの評点は不可です。」

を表示する命令である。ここでは，点数が 75 なので，「あなたの評点は良です。」を表示する。

例題 2-11　switch 文

例題 2-11　次に示す出力例のようにメニュー画面を表示する PHP プログラムを作成せよ。ただし，switch 文を使用すること。また，変数$ban の値を変更して，動作確認をすること。

メニュー画面
_____

1 Kusano's Page　　2 カンチャンページ　　3 たんぽぽページ

_____

1 Kusano's Page
1が設定されました。

例題 2-11 の$ban＝2 の時の出力例

メニュー画面
_____

1 Kusano's Page　　2 カンチャンページ　　3 たんぽぽページ

_____

2カンチャンページ
2が設定されました。

例題 2-11 の$ban＝2 の時の出力例

メニュー画面
_____

1 Kusano's Page　　2 カンチャンページ　　3 たんぽぽページ

_____

3 たんぽぽページ
3が設定されました。

例題 2-11 の$ban＝3 の時の出力例

メニュー画面
_____

1 Kusano's Page　　2 カンチャンページ　　3 たんぽぽページ

_____

1から3以外の数値が指定された。
5が設定されました。

例題 2-11 の$ban＝5 の時の出力例

【例題 2-11 のプログラム】

```
<!DOCTYPE html>

<html>

  <head>

    <title>

      例題 2-11  switch 文

    </title>

  </head>

  <body>

  <?php

    $ban=1;

    print "メニュー画面<br>";

    print "<hr>";

    print "<br>";

    print "1  Kusano's Page      2  カンチャンページ      3  たんぽぽペ
ージ<br>";

    print "<br>";

    print "<hr>";

    switch($ban){

      case 1:

        print "1 Kusano's Page<br>";

        break;
```

```
    case 2:
     print "2 カンチャンページ<br>";
      break;
    case 3:
     print "3  たんぽぽページ<br>";
      break;
    default:
     print "1から3以外の数値が指定された。<br>";
      break;
  }
   print(sprintf("%dが設定されました。",$ban).'<br>');
  ?>
  </body>
</html>
```

・switch 文の一般形

```
switch (式) {
    case 定数1 :
      文1 ;
       break;
    case 定数2 :
      文2 ;
       break;
```

```
    default:

        文 z ;

        break;

}
```

switch 文の次の式の値が，case 文の次の定数の値と一致すれば，そのあとに続く文から break までの文を実行する。どれにもあてはまらなければ，default の次の文を実行する。

【例題 2-11 のプログラム解説】

```
    $ban=1;
```

変数$ban に 1 が格納されている。

```
    print "メニュー画面<br>";

    print "<hr>";

    print "<br>";

    print "1  Kusano's Page      2  カンチャンページ      3  たんぽぽページ
<br>";

    print "<br>";

    print "<hr>";
```

例題１１の出力例の画面をひょうじする。

```
    switch($ban){

      case 1:

        print "1 Kusano's Page<br>";

        break;

      case 2:
```

```
        print "2 カンチャンページ<br>";

         break;

      case 3:

       print "3　たんぽぽページ<br>";

        break;

      default:

       print "1から3以外の数値が指定された。<br>";

        break;

      }
```

$ban の変数の値が 1 であれば，「1 Kusano's Page」を表示する。

もしも 2 であれば，「3　たんぽぽページ」を表示する。

もしも 3 であれば，「3　たんぽぽページ」を表示する。

1 から 3 以外の値であれば，「1から3以外の数値が指定された。」を表示する。

例題 2-12　if　演算子

例題 2-12　情報処理検定において，実技試験$jten とペーパー試験$pten の両方とも，７０点以上であれば合格，それ以外は不合格と表示する PHP プログラムを作成せよ。

ただし，出力形式は次の出力例のようにすること。

実技試験は75点 ペーパー試験は80点です。
_____

あなたは実技試験とペーパー試験の両方とも合格点以上でしたので，合格です。
_____

例題 2-12 の出力例

【例題 2-12 のプログラム】

```
<html>

    <head>

<!DOCTYPE html>

        <title>

            例題 2-12  if 演算子

        </title>

    </head>

    <body>

    <?php

    $jten=75;

    $pten=80;

    print(sprintf("実技試験は%d 点　ペーパー試験は%d 点です。
",$jten,$pten).'<br>');

    print "<hr>";

    if ($jten >= 70 && $pten>=70){

        print "あなたは実技試験とペーパー試験の両方とも合格点以上で
したので，合格です。<br>";

        }

        else{

        print "あなたは不合格です。<br>";

    }

    print "<hr>";

    ?>
```

```
    </body>

</html>
```

PHP の論理演算子は次の通りである。

演算子	記述例	意　　味
&& 又は and	a && b	a と b が共に真の場合に真
|| 又は or	a || b	a か b の少なくとも 1 つが真の場合に真
xor	a || b	a か b のどちらか 1 つだけが真の場合に真
!	!a	A が真の時に偽、偽の時に新

論理演算子では左辺及び右辺に関係演算子などを使った条件式を記述する。それぞれの条件式の評価の結果と論理演算子のよって式全体の評価を論理値で返。

論理積(AND)

論理積(AND)は演算子「&&」の左辺及び右辺の条件式が共に真の場合のみ全体の式の評価が真となる。

演算子は「&&」の代わりに「and」も使用できる。

【例題 2-12 のプログラム解説】

```
    if ($jten >= 70 && $pten>=70){

            print "あなたは実技試験とペーパー試験の両方とも合格点以上でしたので，合格です。<br>";

        }

    else{
```

```
        print "あなたは不合格です。<br>";

    }
```

　実技試験の点数とペーパー試験の点数がともに 70 点以上ならば，「**あなたは実技試験とペーパー試験の両方とも合格点以上でしたので，合格です。**」を表示する。そうでないならば，「**あなたは不合格です。**」を表示する。

例題 2-13　条件演算子

例題 2-13　例題 9 と同じ７０点以上ならば，「合格です。」そうでないならば「不合格です」と表示させる PHP プログラムを作成せよ。ただし，if 文を使用しないで，条件演算子を使ってプログラムを作成すること。また，点数データを 90，70，50 と変更して動作確認をすること。

あなたは90点です。

合格です。

例題 2-13 の出力例 1

あなたは70点です。

合格です。

例題 2-13 の出力例 2

あなたは50点です。

不合格です。

例題 2-13 の出力例 3

【例題 2-13 のプログラム】

```php
<!DOCTYPE html>

<html>

  <head>

    <title>

      例題 2-13　条件演算子

    </title>

  </head>

  <body>

<?php

  $ten=90;

  print(sprintf("あなたは%d 点です。",$ten).'<br>');

  print "<hr>";

  $hyouji= ($ten >= 70) ?"合格です。" :"不合格です。";

  print $hyouji."<br>";

  print "<hr>";

?>

  </body>

</html>
```

【例題 2-13 のプログラム解説】

条件演算子の一般形

（真偽値式）? （真の場合に評価する式）: （偽の場合に評価する式）

$hyouji= ($ten >= 70) ? "合格です。" : "不合格です。";

$ten が７０以上ならば，$hyouji に「合格です。」を格納する。そうでないならば，「不合格です。」を格納する。

  print $hyouji."
";

$hyouji の内容を表示する。

例題 2-14　for 文 1

例題 2-14　1+2+3+・・・+10 の和を求める PHP プログラムを作成せよ。

$$1+2+\cdots+10=55$$

例題 2-14 の出力例

【例題 2-14 のフローチャート】

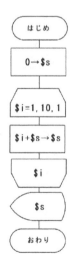

<!DOCTYPE html>

<html>

```
<head>
    <title>
        例題 2-14  for 文
    </title>
</head>
<body>


<?php
 $s=0;
 for($i=1 ; $i<=10 ; $i++){
    $s=$s+$i;
 }
 print(sprintf("1+2+・・・+10=%d",$s).'<br>');
?>

</body>
</html>
```

【例題 2-14 のプログラム】

・for 文の一般形

```
for(初期化の式1，終了判定の式2，増分の式3）{
    文1
    文2
    ・・・
```

```
}
```

　$s=0;

　求める合計＄ｓの初期値を０に設定する。

　for($i=1 ; $i<=10 ; $i++){

　　$s=$s+$i;

　}

この for 文では，変数＄ｉが１から 10 まで１づつ増加している間に

　$s に$i を加えて行っているので，１から１０までの和が$s に計算されている。

もう少し詳細に説明すれば

１回目のループでは

0+1 の値が$s に格納される。

２回目のループでは，$s は１であり，$i は２であるので，

1+2 の値が$s に格納される。

３回目のループでは，$s は３であり，$i は３であるので

3+3 が$s に格納される。

・・・

このようにして１０回目のループで１から１０までの和が$s に求まる。

例題 2-15　for 文２-花の写真列表示

例題 2-15　花の写真ファイル s1. jpg, s2. jpg, s3. jpg の３枚をカレントフォルダ
に登録しておき，その写真を，下図の出力例のように１列に表示する PHP プログ
ラムを作成せよ。

例題 2-15 の出力例

【例題 2-15 のプログラム】

```
<!DOCTYPE html>

<html>

    <head>

        <title>

            例題 2-15 for 文花の写真

        </title>

    </head>
```

54

```
<body>

<table border="2">

<tr bgcolor="#ffff00">

<th>花の写真</th>

<th>花番号</th>

</tr>

<?php

    for($i=1 ; $i<=3 ; $i++){

        print "<tr>";

        print "<td><img src=¥"s{$i}.jpg¥"/></td><td>花-$i</td>";

        print "</tr>";

    }

?>

</table>

</body>

</html>
```

【例題 2-15 のプログラム解説】

```
    for($i=1 ; $i<=3 ; $i++){

        print "<tr>";

        行の始まり

        print "<td><img src=¥"s{$i}.jpg¥"/></td><td>花-$i</td>";

        1列目に si.jpg1 写真を表示し，2列目に花-i を表示する
```

```
    print "</tr>";

      行の終わり

  }
```

for 文の中の文を 3 回実行する。

例題 2-16　for 文 3 -花の写真行表示

例題 2-16　花の写真ファイル s1. jpg, s2. jpg, s3. jpg の 3 枚をカレントフォルダ
に登録しておき，その写真を，下図の出力例のように 1 行に表示する PHP プログ
ラムを作成せよ。

例題 2-16 の出力例

【例題 2-16 のプログラム】

```
<!DOCTYPE html>

<html>

  <head>

    <title>

      例題 16 for

    </title>

  </head>

  <body>
```

```
<table border="2">
<?php
    print " <tr bgcolor='#00ffff'>";
    for($i=1 ; $i<=3 ; $i++){
        print "<td>花-$i</td>";
    }
    print "</tr>";
    print "<tr>";
    for($i=1 ; $i<=3 ; $i++){
        print "<td><img src=¥"s{$i}.jpg¥"/></td>";
    }
    print "</tr>";
?>
</center>
</table>
</body>
</html>
```

【例題 2-16 のプログラム解説】

```
    print " <tr bgcolor='#00ffff'>";
```

1 行目のセルを空色で塗りつぶしている。

```
    for($i=1 ; $i<=3 ; $i++){
        print "<td>花-$i</td>";
```

```
    }
```

1行目に花-1, 花2, 花-3を表示している。

```
    print "</tr>";
```

行の終わり

```
    print "<tr>";
```

行の始まり

```
    for($i=1 ; $i<=3 ; $i++){
        print "<td><img src=¥"s{$i}.jpg¥"/></td>";
    }
    print "</tr>";
```

<td>は列の始まりで</td>は列の終わりである。for 文で for の中の {   } の文を3回実行するので，3列分例題16の出力例のように表示する。

例題2-17　while 文

例題2-17　while 文を用いて，1+2+3+・・・+n の和を求める PHP プログラムを作成せよ。ただし，ここではnの値を 30 とする。

$$1+2+\cdots+30=465$$

例題 2-17 の出力例

【例題 2-17 のプログラム】

```
<!DOCTYPE html>

<html>

    <head>
```

```
    <title>
        例題2-17  while文
    </title>
</head>
<body>
<?php
 $s=0;
 $i=1;
 $n=30;
 while($i<=$n){
    $s=$s+$i;
    $i++;
 }
 print(sprintf("1+2+・・・+%d=%d",$n,$s).'<br>');
?>
</body>
</html>
```

【例題2-17のプログラム解説】

・while文の一般形

while文は指定した条件式が真(true)の間、繰り返し実行する。

while (条件式){

文1;

文2;

}

$s=0;

$i=1;

$n=30;

初期値として$s に 0，$i に 1，$n に 30 を設定している。

```
while($i<=$n){

    $s=$s+$i;

    $i++;

}
```

$s に 1 から 30 までを加算している。$i++は$i を 1 づつ増加（インクリメント）する命令である。

```
print(sprintf("1+2+・・・+%d=%d",$n,$s).'<br>');
```

例題 17 の出力例に示す内容を表示している。

例題 2-18　do while文

例題 2-18　　do-while 文を用いて，1+2+3+・・・+n の和を求める PHP プログラムを作成せよ。ただし，ここでは n の値を 50 とする。

$$1+2+・・・+50=1275$$

例題 2-18 の出力例

【例題 2-18 のプログラム】

```
<!DOCTYPE html>

<html>
```

```
<head>
    <title>
        例題 2-18  do-while 文
    </title>
</head>
<body>
<?php
 $s=0;
 $i=1;
 $n=50;
 do{
    $s=$s+$i;
    $i++;
 }while($i<=$n);
 print(sprintf("1+2+・・・+%d=%d",$n,$s).'<br>');
?>
</body>
</html>
```

【例題 2-18 のプログラム解説】

・do while 文の一般形

```
do{
 文 1;
```

文2;

}while（条件式）;

do..while 文では、まずブロック内の処理が実行された後で条件式の評価が行わる。その為，少なくとも1回は必ずブロック内の処理が実行される。条件式の評価が真（TRUE)であれば再度先頭に戻りブロック内の処理を実行する。偽(FALSE)ならば do..while 文を終了する。

    $s=0;

    $i=1;

    $n=50;

初期値として$s に 0，$i に 1，$n に 50 を設定している。

    do{

      $s=$s+$i;

      $i++;

    }while($i<=$n);

ループを出る条件式が後ろになっているが，$s に 1 から 50 までの和が計算されている。

例題 2-19　for　二重ループ

例題 2-19　次の出力例のような3行3列の表に，写真のファイル s1.jpg, s2.jpg ・・・

s9.jpg の9枚を表示させる PHP プログラムを作成せよ。ただし，二重の for ループを使用すること。

例題 2-19 の出力例

【例題 2-19 のプログラム】

```html
<!DOCTYPE html>l

<html>

  <head>

    <title>

      例題 2-19  for 文  二重ループ

    </title>

  </head>

  <body>

<table border="2">
```

```php
<?php
$k=1;
print " <tr>";
for($i=1 ; $i<=3 ; $i++){
    print " <tr>";
    for($j=1 ; $j<=3 ; $j++){
        print "<td><img src=¥"s{$k}.jpg¥"></td>";
        $k++;
    }
    print "</tr>";
    print "<br>";
}
print "</tr>";
?>
</table>
</body>
</html>
```

【例題 2-19 のプログラム解説】

$k=1;

写真の通し番号の初期値を1に設定しておく。

print " <tr>";

テーブルの行の始まり

```
for($i=1 ; $i<=3 ; $i++){
```

$i が 1 から 3 まで外側のループを 3 回実行する。

```
print "<tr>";
```

テーブルの行の始まり

```
for($j=1 ; $j<=3 ; $j++){
```

$j が 1 から 3 まで内側のループを 3 回実行する。

```
print "<td><img src=¥"s{$k}.jpg¥"></td>";
```

一つのセルに写真を表示する。

```
$k++;
```

写真の番号を 1 づつカウントアップする。

```
}
print "</tr>";
```

行の終わり

```
print "<br>";
```

改行する。

```
}
print "</tr>";
```

行の終わり。

第 2 章　章末問題

問題 2-1　日付表示

次のようなメッセージと現在の日付を表示する PHP プログラムを作成せよ。

- ようこそPHPへ！
- PHPを頑張りましょう！
- 今日は2015年08月12日です

問題 2-2　16 進数の変換

16 進数の 10 を 10 進数に変換する PHP プログラムを作成せよ。出力形式は次のようにすること。

- 10進数の10は10
- 16進数の10は16

問題 2-3　文字列表示

氏名を変数 $ name に入れて，表示する PHP プログラムを作成せよ。出力形式は次のようにすること。

私の名前は山田太郎です。

問題 2-4　和の計算

2 つの変数$a と$b に任意の数を入れて，2 数の和を求める PHP プログラムを作成せよ。出力形式は次のようにすること。

a+b='8'

3章　PHP の応用

例題 3-1　1 次元配列

例題 3-1　1 次元配列$syomei に 10 冊の書名を設定する。その書名をすべて表示する PHP プログラムを作成せよ。

書名
PHP
VBA
Visual BASIC
C言語
FORTRAN
COBOL
PASCAL
PL1
Visual C#
Visual C++

例題 3-1 の出力例

【例題 3-1 のプログラム】

```
<!DOCTYPE html>

<html>

    <head>

        <title>

            例題 3-3
```

```
  </title>

</head>

<body>

<?php

  $syomei[0]="PHP";

  $syomei[1]="VBA";

  $syomei[2]="Visual BASIC";

  $syomei[3]="C 言語";

  $syomei[4]="FORTRAN";

  $syomei[5]="COBOL";

  $syomei[6]="PASCAL";

  $syomei[7]="PL1";

  $syomei[8]="Visual C#";

  $syomei[9]="Visual C++";

?>

 <table border="2">

 <tr bgcolor="yellow">

 <th>書名</th>

 </tr>

<?php

 for($i=0 ; $i<=9 ; $i++ ){
```

```
      print "<tr><td>{$syomei[$i]}</td></td>";

   }

 ?>

   </table>

   </body>

</html>
```

【例題 3-1 のプログラム解説】

・配列の一般形

$配列名[添字]＝式；

```
   $syomei[0]="PHP";

   $syomei[1]="VBA";

   $syomei[2]="Visual BASIC";

   $syomei[3]="C 言語";

   $syomei[4]="FORTRAN";

   $syomei[5]="COBOL";

   $syomei[6]="PASCAL";

   $syomei[7]="PL1";

   $syomei[8]="Visual C#";

   $syomei[9]="Visual C++";

   $kensaku="FORTRAN";
```

　配列の各要素は[]を使い，$syomei[0], $syomei[1], ・・・という名前で扱う。[]内に指定している番号を添字という。添字を使って配列の要素を指定する。

　配列に値を記憶するには，添字を使用して要素を指定し，値を代入する。

$syomei[0]に「PHP」を, $syomei[1]に「VBA」を, ・・・$syomei[9]に「Visual
C++」を代入している。

```
for($i=0 ; $i<=9 ; $i++ ){

        print "<tr><td>{$syomei[$i]}</td></td>";

}
```

　for 文により, 添字を 0 から 9 まで一つづつ増加させて, ループを 10 回実行する。

　ループの中で書名を表示させている。

例題 3-2　1 次元配列

例題 3-2　1 次元配列$syomei に 10 冊の書名を設定する。その書名の中に
「FORTRAN」の書名を検索する。「FORTRAN」の書名が出現するまで例題 3-2 の出
力例のように表示させる PHP プログラムを作成せよ。

探している書名が出現すると停止します

書名
PHP
VBA
Visual BASIC
C言語
FORTRAN

例題 3-2 の出力例

【例題 3-2 のプログラム】

```
<!DOCTYPE html>

<html>
```

```
<head>
    <title>
        例題 3-2 1次元配列
    </title>
</head>
<body>
<?php
    $syomei[0]="PHP";
    $syomei[1]="VBA";
    $syomei[2]="Visual BASIC";
    $syomei[3]="C 言語";
    $syomei[4]="FORTRAN";
    $syomei[5]="COBOL";
    $syomei[6]="PASCAL";
    $syomei[7]="PL1";
    $syomei[8]="Visual C#";
    $syomei[9]="Visual C++";
    $kensaku="FORTRAN";
?>
<table border="2">
<tr bgcolor="yellow">
<th>書名</th>
```

```
    </tr>

<?php

    print "探している書名が出現すると停止します<br/>";

    for($i=0 ; $i<=9 ; $i++ ){

        print "<tr><td>{$syomei[$i]}</td></td>";

        if ($kensaku == $syomei[$i])

            break;

    }

?>

    </table>

    </body>

</html>
```

【例題 3-2 プログラム解説】

変数$kensaku に「FORTRAN」入れている。

```
    <table border="2">
```

テーブルの線の太さを 2 に設定している。

```
    <tr bgcolor="yellow">
```

1 行目のセルの背景を黄色にしてしている。

```
    <th>書名</th>
```

表の項目名を書名に指定している。

```
    </tr>
```

```
<?php
```

print "探している書名が出現すると停止します
";

```
for($i=0 ; $i<=9 ; $i++ ){

    print "<tr><td>{$syomei[$i]}</td></td>";

    if ($kensaku == $syomei[$i])

        break;

    }
```

for 文により，添字を 0 から 9 まで一つづつ増加させて，ループを 10 回実行する。

ループの中で書名を表示させている。次に if 文により$syomei[$i]に「FORTRAN」と一致するかどうかを判定している。一致した場合は break 文を実行して停止する。

例題 3-3　1 次元配列　continue 文

例題 3-3　例題 3-2 において，検索書名「FORTRAN」のみを表示しないで，それ以外を表示する PHP プログラムを作成せよ。

検索書名のみを表示しない。

書名
PHP
VBA
Visual BASIC
C言語
COBOL
PASCAL
PL1
Visual C#
Visual C++

例題 3-3 の出力例

73

【例題 3-3 のプログラム】

```
<!DOCTYPE html>

<html>

    <head>

        <title>

            例題 3-2  1次元配列 continue 文

        </title>

    </head>

    <body>

    <?php

        $syomei[0]="PHP";

        $syomei[1]="VBA";

        $syomei[2]="Visual BASIC";

        $syomei[3]="C 言語";

        $syomei[4]="FORTRAN";

        $syomei[5]="COBOL";

        $syomei[6]="PASCAL";

        $syomei[7]="PL1";

        $syomei[8]="Visual C#";

        $syomei[9]="Visual C++";

        $kensaku="FORTRAN";
```

```
?>

<table border="2">

<tr bgcolor="yellow">

<th>書名</th>

</tr>

<?php

print "検索書名のみを表示しない。<br>";

    for($i=0 ; $i<=9 ; $i++ ){

        if ($kensaku == $syomei[$i])

            continue;

        print "<tr><td>{$syomei[$i]}</td></td>\n";

    }

?>

</table>

</body>

</html>
```

【例題 3-2 のプログラム解説】

・continue 文の一般形

```
continue;
```

　繰り返し処理の中で continue が実行されると繰り返し処理のブロック内でそれ以降の処理を実行せずに次の条件式の評価を行う。

```
        print "検索書名のみを表示しない。<br>";

        for($i=0 ; $i<=9 ; $i++ ){
```

```
        if ($kensaku == $syomei[$i])

            continue;
```

$syomei[$i]が「FORTRAN」に等しいならば，「FORTRAN」の表示をしない。

```
        print "<tr><td>{$syomei[$i]}</td></td>¥n";

    }
```

例題 3-4　1次元配列　キー配列

例題 3-4　次の出力例のように，キー配列を使用して，書名の金額を設定し，書名と金額の一覧表を出力する PHP プログラムを作成せよ。

書名の金額
PHPは1000円です。
VBAは2000円です。
Visual BASICは1500円です。
C言語は1800円です。
FORTRANは2100円です。
COBOLは1900円です。
PASCALは1200円です。
PL1は1100円です。
Visual C#は2200円です。
Visual C++は2300円です。

例題 3-4 出力例

【例題 3-4 のプログラム】

```
<!DOCTYPE html>

<html>

    <head>

        <title>

            例題 3-4　キー配列
```

```
        </title>

    </head>

    <body>

    <?php

        $syomei["PHP"]=1000;

        $syomei["VBA"]=2000;

        $syomei["Visual BASIC"]=1500;

        $syomei["C 言語"]=1800;

        $syomei["FORTRAN"]=2100;

        $syomei["COBOL"]=1900;

        $syomei["PASCAL"]=1200;

        $syomei["PL1"]=1100;

        $syomei["Visual C#"]=2200;

        $syomei["Visual C++"]=2300;

    ?>

    <table border="2">

    <tr bgcolor="yellow">

    <th>書名の金額</th>

    </tr>

    <?php

        print "<tr><td>PHP は{$syomei["PHP"]}円です。</td></td>";

        print "<tr><td>VBA は{$syomei["VBA"]}円です。</td></td>";
```

```
    print "<tr><td>Visual BASIC は{$syomei["Visual BASIC"]}円です。
</td></td>";

    print "<tr><td>C 言語は{$syomei["C 言語"]}円です。</td></td>";

    print "<tr><td>FORTRAN は{$syomei["FORTRAN"]}円です。</td></td>";

    print "<tr><td>COBOL は{$syomei["COBOL"]}円です。</td></td>";

    print "<tr><td>PASCAL は{$syomei["PASCAL"]}円です。</td></td>";

    print "<tr><td>PL1 は{$syomei["PL1"]}円です。</td></td>";

    print "<tr><td>Visual C#は{$syomei["Visual C#"]}円です。
</td></td>";

    print "<tr><td>Visual C++は{$syomei["Visual C++"]}円です。
</td></td>";

    ?>

    </table>

    </body>

</html>
```

【例題 3-4 のプログラム解説】

キー配列

・配列名['キーを指定した添字']=データ；

配列で要素を作成したり要素から値を取り出すにはキーを指定する必要がある。PHP の配列ではキーとして整数と文字列を使用することができる。

キーに整数を指定する場合は正の数に加えて負の数も指定することができる。

例　$hen[-7]=800；

複数の要素を作成する場合、キーは連続した整数である必要はない。

キーに文字列を指定する場合は、ダブルクオーテーションまたはシングルクオーテーションなどで括る必要がある。

例　$hen[‘ほん’]=2000;

　　　$syomei［"PHP"]=1000;

　　　$syomei［"VBA"]=2000;

　　　$syomei［"Visual BASIC"]=1500;

　　　$syomei［"C 言語"]=1800;

　　　$syomei［"FORTRAN"]=2100;

　　　$syomei［"COBOL"]=1900;

　　　$syomei［"PASCAL"]=1200;

　　　$syomei［"PL1"]=1100;

　　　$syomei［"Visual C#"]=2200;

　　　$syomei［"Visual C++"]=2300;

　配列の添字として，数値ではなくて，文字列を用いたキー配列で，各書名の値段を設定している。

```
print "<tr><td>PHP は{$syomei["PHP"]}円です。</td></td>";

print "<tr><td>VBA は{$syomei["VBA"]}円です。</td></td>";

print "<tr><td>Visual BASIC は{$syomei["Visual BASIC"]}円です。
</td></td>";

print "<tr><td>C 言語は{$syomei["C 言語"]}円です。</td></td>";

print "<tr><td>FORTRAN は{$syomei["FORTRAN"]}円です。</td></td>";

print "<tr><td>COBOL は{$syomei["COBOL"]}円です。</td></td>";

print "<tr><td>PASCAL は{$syomei["PASCAL"]}円です。</td></td>";
```

```
print "<tr><td>PL1 は{$syomei["PL1"]}円です。</td></td>";

print "<tr><td>Visual C#は{$syomei["Visual C#"]}円です。</td></td>";

print "<tr><td>Visual C++は{$syomei["Visual C++"]}円です。</td></td>";
```

キー配列で設定した値段を表形式で表示させている。

例題 3-5　1 次元配列　foreach 文

例題 3-5　例題 3-4 において，foreach 文を使用して書名と金額を表示する一覧表を作成する PHP プログラムを作成せよ。

書名	金額
PHP	1000円
VBA	2000円
Visual BASIC	1500円
C言語	1800円
FORTRAN	2100円
COBOL	1900円
PASCAL	1200円
PL1	1100円
Visual C#	2200円
Visual C++	2300円

例題 3-5 の出力例

【例題 3-5 のプログラム】

```
<!DOCTYPE html>

<html>

  <head>

    <title>
```

例題 3-5　foreach 文

```php
  </title>
</head>
<body>
<?php
 $syomei["PHP"]=1000;
 $syomei["VBA"]=2000;
 $syomei["Visual BASIC"]=1500;
 $syomei["C 言語"]=1800;
 $syomei["FORTRAN"]=2100;
 $syomei["COBOL"]=1900;
 $syomei["PASCAL"]=1200;
 $syomei["PL1"]=1100;
 $syomei["Visual C#"]=2200;
 $syomei["Visual C++"]=2300;
?>
<table border="2">
<tr bgcolor="ffff00">
<th>書名</th>
<th>金額</th>
</tr>
<?php
```

```
foreach($syomei as $namae => $nedan){

    print "<tr><td>{$namae}</td><td>{$nedan}円</td></tr>";

  }

?>

    </table>

  </body>

</html>
```

【例題 3-5 のプログラム解説】

・ foreach 文の一般形

foreach（配列変数 as キー変数 => 値変数）{

  実行する処理 1;

  実行する処理 2;

}

　　foreach 文では要素の値の他にキーを取り出す構文もある。

繰り返しが 1 回行われる毎に配列に含まれる要素の値を値変数に代入すると同時にキーの値をキー変数に代入する。

```
foreach($syomei as $namae => $nedan){

    print "<tr><td>{$namae}</td><td>{$nedan}円</td></tr>";

  }
```

キー用の変数$name と値用の変数$nedan を設定している。foreach 文が実行されることによって，配列の要素のキーと値がそれぞれの変数に格納される。

例題 3-6　1 次元配列　count 文

例題 3-6　例題 3-1 において，count 文を使用して，すべての書名を表示する
PHP プログラムを作成せよ。

書名
PHP
VBA
Visual BASIC
C言語
FORTRAN
COBOL
PASCAL
PL1
Visual C#
Visual C++

例題 3-6 の出力例

【例題 3-6 のプログラム】

```
<!DOCTYPE html>

<html>

    <head>

        <title>

            例題 3-6　1 次元配列　count 文

        </title>

    </head>

    <body>
```

```php
<?php
    $syomei[0]="PHP";

    $syomei[1]="VBA";

    $syomei[2]="Visual BASIC";

    $syomei[3]="C 言語";

    $syomei[4]="FORTRAN";

    $syomei[5]="COBOL";

    $syomei[6]="PASCAL";

    $syomei[7]="PL1";

    $syomei[8]="Visual C#";

    $syomei[9]="Visual C++";
?>
    <table border="2">
    <tr bgcolor="yellow">
    <th>書名</th>
    </tr>
<?php
    for($i=0 ; $i<count($syomei) ; $i++ ){
        print "<tr><td>{$syomei[$i]}</td></td>";
    }
?>
```

```
    </table>

    </body>

</html>
```

【例題 3-6 のプログラム解説】

・ count 文の一般形

count（＄配列名）

配列の要素数を返す関数である。

```
for($i=0 ; $i<count($syomei) ; $i++ ){

    print "<tr><td>{$syomei[$i]}</td></td>";

    }
```

　for 文のループの終了判定部分に count($syomei)使用している。この場合，要素数の数値はコンピュータがカウントして count($syomei)の値に 9 を返すので，すべての書名が表示される。

例題 3-7　1 次元配列　array 文

例題 3-7　array 文を用いて，配列に値を設定する PHP プログラムを作成せよ。ただし，次に示すような出力形式にすること。

番号	書名
0	PHP
1	VBA
2	Visual BASIC
3	C言語
4	FORTRAN
5	COBOL
6	PASCAL
7	PL1
8	Visual C#
9	Visual C++

例題 3-7 の出力例

【例題 3-7 のプログラム】

```
<!DOCTYPE html>

<html>

    <head>

        <title>

            例題 3-7  1 次元配列  array 文

        </title>

    </head>

    <body>

    <?php

        $hon=array("PHP","VBA","Visual BASIC","C 言語
","FORTRAN","COBOL","PASCAL","PL1","Visual C#","Visual C++");

    ?>

        <table border="2">

        <tr bgcolor="yellow">

        <th>番号</th>

        <th>書名</th>

        </tr>

    <?php

        foreach($hon as $ban => $syomei){

            print "<tr><td>{$ban}</td><td>{$syomei}</td></tr>";
```

```
        }

    ?>

    </table>

    </body>

</html>
```

【例題 3-7 のプログラム解説】

・array 文の一般形

$配列名=array（値 1，値 2，値 3，・・・値 n）

　$ 配列要素に値 1，値 2，値 3，・・・値 n を簡単に格納できる。

$hon=array("PHP","VBA","Visual BASIC","C 言語
","FORTRAN","COBOL","PASCAL","PL1","Visual C#","Visual C++");

array 関数を使用すれば，上記の命令で，次の命令と同じである。

$hon[0]=" PHP" ;

$hon[1]=" VBA" ;

$hon[3]=" Visual BASIC" ;

・・・

$hon[9]=" Visual C++" ;

　つまり，$hon[0]の要素に値「PHP」が格納されている。

```
foreach($hon as $ban => $syomei){

        print "<tr><td>{$ban}</td><td>{$syomei}</td></tr>";

    }
```

　キー用の変数$ban と値用の変数$syomei が設定される。foreach 文が実行されることによって，配列の要素のキーと値がそれぞれの変数に格納される。

例題 3-8 array 配列キーと値の組みあわせ指定

例題 3-8　$syomei 配列にキーと値を組み合わせて指定する PHP プログラムを作成せよ。ただし，出力形式は，次の出力例のようにすること。

書名	金額
PHP	1000円
VBA	2000円
Visual BASIC	1500円
C言語	1800円
FORTRAN	2100円
COBOL	1900円
PASCAL	1200円
PL1	1100円
Visual C#	2200円
Visual C++	2300円

例題 3-8 の出力例

【例題 3-8 プログラム】

```
<!DOCTYPE html>

<html>

    <head>

        <title>

            例題 3-8　array キー使用

        </title>

    </head>

    <body>

    <?php

        $syomei=array("PHP"=>1000,"VBA"=>2000,"Visual BASIC"=>1500,"C言語
```

```
"=>1800,"FORTRAN"=>2100,"COBOL"=>1900,"PASCAL"=>1200,"PL1"=>1100,"Visual
C#"=>2200,"Visual C++"=>2300);

    ?>

    <table border="2">

    <tr>

    <th>書名</th>

    <th>金額</th>

    </tr>

    <?php

        foreach($syomei as $namae => $nedan){

            print "<tr><td>{$namae}</td><td>{$nedan}円</td></tr>";

        }

    ?>

    </table>

    </body>

</html>
```

【例題 3-8 のプログラム説明】

・array( ) を用いた配列のキーと値の一般形

$配列名＝array（"キー 0"=>値 0, "キー 1"=>値 1,・・・）

配列要素にキーと値の組を格納する。

```
$syomei=array("PHP"=>1000,"VBA"=>2000,"Visual BASIC"=>1500,"C言語
"=>1800,"FORTRAN"=>2100,"COBOL"=>1900,"PASCAL"=>1200,"PL1"=>1100,"Visual
C#"=>2200,"Visual C++"=>2300);
```

上記の命令は次の命令と同じである。

$syomei["PHP"]=1000;

$syomei["VBA"]=2000;

$syomei["Visual BASIC"]=1500;

・・・

$syomei["Visual C++"]=2300;

例題 3-9　配列の追加 push

例題 3-9　配列$hon に最初 5 冊を登録する。次に"Perl","Ruby","アセンブラ"の
3 冊の書名を追加する PHP プログラムを作成せよ。

番号	書名
0	PHP
1	VBA
2	Visual BASIC
3	C言語
4	FORTRAN
5	Perl
6	Ruby
7	アセンブラ

例題 3-9 の出力例

【例題 3-9 のプログラム】

```
<!DOCTYPE html>

<html>

  <head>

    <title>
```

例題 3-9

```
    </title>
  </head>
  <body>
  <?php
    $hon=array("PHP","VBA","Visual BASIC","C 言語","FORTRAN");
    array_push($hon,"Perl","Ruby","アセンブラ");
  ?>
  <table border="2">
  <tr>
  <th>番号</th>
  <th>書名</th>
  </tr>
  <?php
    foreach($hon as $ban => $syomei){
      print "<tr><td>{$ban}</td><td>{$syomei}</td></tr>";
    }
  ?>
  </table>
  </body>
</html>
```

【例題 3-9 のプログラム解説】

・配列要素の追加取出し

array_push($配列名,値, ・・・)：配列の末尾に追加する。

array_pop($配列名)：配列の末尾から取り出す。

array_unshift($配列名,値, ・・・)：配列の先頭に追加する。

array_shift($配列名)：配列の先頭から取り出す。

unset(配列要素名)：指定した配列要素を削除する。

$hon=array("PHP","VBA","Visual BASIC","C 言語","FORTRAN");

array_push($hon,"Perl","Ruby","アセンブラ");

array_push 命令により，配列要素に"Perl","Ruby","アセンブラ"が追加される。

例題 3-10　each ・ list

例題 3-10　書名と金額の入った配列$hon からキー $ syomei と値$nedan の組み合わせを取り出す。この時，list 命令を使用して，配列$hon から$syomei と$nedan にまとめて格納すること。また，出力形式は，例題 3-10 の出力例のようにすること。

書名	金額
PHP	1000円
VBA	2000円
Visual BASIC	1500円
C言語	1800円
FORTRAN	2100円
COBOL	1900円
PASCAL	1200円
PL1	1100円
Visual C#	2200円
Visual C++	2300円

例題 3-10 出力例

【例題 3-10 のプログラム】

```
<!DOCTYPE html>

<html>

    <head>

        <title>

            例題 3-10 each

        </title>

    </head>

    <body>

    <?php

        $hon=array("PHP"=>1000,"VBA"=>2000,"Visual BASIC"=>1500,"C 言語
"=>1800,"FORTRAN"=>2100,"COBOL"=>1900,"PASCAL"=>1200,"PL1"=>1100,"Visual
C#"=>2200,"Visual C++"=>2300);

    ?>

    <table border="2">

    <tr bgcolor="ffff00">

    <th>書名</th>

    <th>金額</th>

    </tr>

    <?php

        while(list($syomei, $nedan) = each($hon)){

            print "<tr><td>{$syomei}</td><td>{$nedan}円</td></tr>\n";

        }

    ?>
```

```
    </table>

    </body>

</html>
```

【例題 3-10 のプログラム解説】

each の一般形

$配列名 2＝each($配列名 1）

配列名 1 からキーと値の組み合わせを一つ取出し，配列名 2 に取り出す。

list の一般形

list($変数 1，$変数 2，・・・)=$配列名

$変数 1，$変数 2，・・・に配列の値をまとめて格納する。

```
while(list($syomei, $nedan) = each($hon)){

        print "<tr><td>{$syomei}</td><td>{$nedan}円</td></tr>¥n";

    }
```

　書名と金額の入った配列$hon からキー $syomei と値$nedan の組み合わせを取り出している。list 命令を使用しているので，配列$hon から$syomei と$nedan にまとめて格納している。

例題 3-11　並べ替え sort

例題 3-11　家賃を配列 $yatin に格納する。次に sort 命令を使用して，家賃を昇順に並べ替えて表示する PHP プログラムを作成せよ。ただし，出力形式は例題 3-11 の出力例のようにすること。

昇順

番号	家賃
0	38000
1	50000
2	65000
3	70000
4	77000
5	80000
6	105000

例題 3-11 の出力例

【例題 3-11 のプログラム】

```
<!DOCTYPE html>

<html>

  <head>

    <title>

      例題 3-11   sort

    </title>

  </head>

  <body>

  <?php

    $yatin=array(50000, 80000, 77000, 65000, 105000, 38000, 70000);

    sort($yatin);

  ?>
```

```
    <h4>昇順</h4>

    <table border="2">

    <tr bgcolor="#00ffff">

    <th>番号</th>

    <th>家賃</th>

    </tr>
<?php

    foreach($yatin as $ban => $nedan){

        print "<tr><td>{$ban}</td><td>{$nedan}</td></tr>\n";

    }

?>

    </table>

    </body>

</html>
```

【例題 3-11 のプログラム解説】

・sort の一般形

sort($配列名);

配列要素を昇順に並べ替える。

・rsort の一般形

rsort($配列名);

配列要素を降順に並べ替える。

$yatin=array(50000, 80000, 77000, 65000, 105000, 38000, 70000);

```
sort($yatin);
```

配列$yatin に家賃データが任意に核のされている。

sort($yatin)命令により，簡単に昇順に並べ替えられる。

例題 3-12　ksort

> 例題 3-12　地名と家賃を配列$yatin に任意に登録する。次に ksort 命令を使用
> して，地名を昇順（アルファベット順）に並べ替える PHP プログラムを作成せよ。
> ただし，出力形式は，例題 3-12 の出力例のようにすること。

並べ替え前

地名	家賃
kurayosi	50000
okayama	80000
hayasima	77000
kasaoka	65000
yokohama	105000
aomori	38000
sizuoka	70000

地名を昇順に並べ替え後

地名	家賃
aomori	38000
hayasima	77000
kasaoka	65000
kurayosi	50000
okayama	80000
sizuoka	70000
yokohama	105000

例題 3-12 の出力例

【例題 3-12 のプログラム】

```
<!DOCTYPE html>
```

```
<html>

  <head>

    <title>

        例題 3-12  ksort

    </title>

  </head>

  <body>

  <?php

    $yatin =
array("kurayosi"=>50000,"okayama"=>80000,"hayasima"=>77000,"kasaoka"=>65000,"
yokohama"=>105000,"aomori"=>38000,"sizuoka"=>70000);

  ?>

  <h4>並べ替え前</h4>

  <table border="2">

  <tr>

  <th>地名</th>

  <th>家賃</th>

  </tr>

  <?php

    foreach($yatin as $key => $nedan){

        print "<tr><td>{$key}</td><td>{$nedan}</td></tr>¥n";

    }
```

```
    ksort($yatin);

  ?>

  </table>

  <h4>地名を昇順に並べ替え後</h4>

  <table border="2">

  <tr>

  <th>地名</th>

  <th>家賃</th>

  </tr>

  <?php

    foreach($yatin as $key => $nedan){

      print "<tr><td>{$key}</td><td>{$nedan}</td></tr>\n";

    }

  ?>

  </table>

  </body>

</html>
```

【例題 3-12 のプログラム解説】

・ksort の一般形

ksort($ 配列名);

配列にキーがあるとき，キーの値で並べ替えることができる。

```
    foreach($yatin as $key => $nedan){
```

```
    print "<tr><td>{$key}</td><td>{$nedan}</td></tr>\n";

  }
```

元のデータを表示している。

```
  ksort($yatin);
```

この命令で地名がアルファベット順に並べ替えられる。

例題 3-13　配列を変数に変換

例題 3-13　書名の配列$hon をプレフィックスを"h"にした変数に変換して，書名を表示する PHP プログラムを作成せよ。ただし，出力形式は例題 3-13 の出力例のようにすること。

変数で表示

書名
PHP
VBA
Visual BASIC
C言語
FORTRAN
COBOL
PASCAL
PL1
Visual C#
Visual C++

例題 3-13 の出力例

【例題 3-13 のプログラム】

```
<!DOCTYPE html>
```

```
<html>

  <head>

    <title>

      例題 3-13  配列の変数変換

    </title>

  </head>

  <body>
<?php

    $hon=array("PHP","VBA","Visual BASIC","C 言語
","FORTRAN","COBOL","PASCAL","PL1","Visual C#","Visual C++");

    extract($hon,EXTR_PREFIX_ALL,"h");

?>

  <h4>変数で表示</h4>

  <table border="2">

  <tr>

  <th>書名</th>

  </tr>

<?php

      print "<tr><td>{$h_0}</td></tr>¥n";

      print "<tr><td>{$h_1}</td></tr>¥n";

      print "<tr><td>{$h_2}</td></tr>¥n";

      print "<tr><td>{$h_3}</td></tr>¥n";
```

```
        print "<tr><td>{$h_4}</td></tr>¥n";

        print "<tr><td>{$h_5}</td></tr>¥n";

        print "<tr><td>{$h_6}</td></tr>¥n";

        print "<tr><td>{$h_7}</td></tr>¥n";

        print "<tr><td>{$h_8}</td></tr>¥n";

        print "<tr><td>{$h_9}</td></tr>¥n";

    ?>

    </table>

    </body>

</html>
```

【例題 3-13 のプログラム解説】

・extract の一般形

extract($配列名，変換方法，"プレフィックス")

extract()は配列のキー名を変数名，値を変数の値にする処理を行う。

extract()の()内の 2 番目の変換方法を次表に示す。

EXTR_OVERWRITE	既に存在していた場合、存在する変数が上書きされる。
EXTR_SKIP	既に存在していた場合、存在する変数は上書きされない。
EXTR_PREFIX_SAME	既に存在していた場合、prefix を前につけた 新しい変数となる。

EXTR_PREFIX_ALL	全ての変数の前に prefix を付ける。
EXTR_PREFIX_INVALID	無効または数値の変数名のみに接頭辞 prefix を付ける。
EXTR_IF_EXISTS	既に存在している変数のみ、上書きして作成する。
EXTR_PREFIX_IF_EXISTS	既に存在している変数のみ、プレフィックスを付けて作成する。
EXTR_REFS	変数を参照として展開する。

プレフィックスを付ける場合、例えば変数名が「$abc」、プレフィックスが「'p'」だった場合、新しい変数名は「$p_abc」となる。

```
$hon=array("PHP","VBA","Visual BASIC","C 言語
","FORTRAN","COBOL","PASCAL","PL1","Visual C#","Visual C++");

    extract($hon,EXTR_PREFIX_ALL,"h");
```

2 番目の変換方法が EXTR_PREFIX_ALL でプレフィックスが"h"なので

次のように配列の変数が変換される。

$hon[0]→$h_0

$hon[1]→$h_1

$hon[2]→$h_2

・・・

$hon[9]→$h_9

例題 3-14 compact

例題 3-14 例題 3-13 において配列を変数に変換して表示した後，再度配列に変換する PHP プログラムを作成せよ。ただし，出力形式は例題 3-14 の出力例のようにすること。

変数で表示

書名
PHP
VBA
Visual BASIC
C言語
FORTRAN
COBOL
PASCAL
PL1
Visual C#
Visual C++

配列で表示

番号	書名
h_0	PHP
h_1	VBA
h_2	Visual BASIC
h_3	C言語
h_4	FORTRAN
h_5	COBOL
h_6	PASCAL
h_7	PL1
h_8	Visual C#
h_9	Visual C++

例題 3-14 の出力例

【例題 3-14 のプログラム】

```
<!DOCTYPE html>

<html>

    <head>

        <title>

            例題 3-14  compact

        </title>

    </head>

    <body>

    <?php
```

```php
$hon=array("PHP","VBA","Visual BASIC","C 言語
","FORTRAN","COBOL","PASCAL","PL1","Visual C#","Visual C++");

    extract($hon,EXTR_PREFIX_ALL,"h");
?>
```

```
<h4>変数で表示</h4>

<table border="2">

<tr>

<th>書名</th>

</tr>

<?php
        print "<tr><td>{$h_0}</td></tr>\n";

        print "<tr><td>{$h_1}</td></tr>\n";

        print "<tr><td>{$h_2}</td></tr>\n";

        print "<tr><td>{$h_3}</td></tr>\n";

        print "<tr><td>{$h_4}</td></tr>\n";

        print "<tr><td>{$h_5}</td></tr>\n";

        print "<tr><td>{$h_6}</td></tr>\n";

        print "<tr><td>{$h_7}</td></tr>\n";

        print "<tr><td>{$h_8}</td></tr>\n";

        print "<tr><td>{$h_9}</td></tr>\n";


$isdn=compact("h_0","h_1","h_2","h_3","h_4","h_5","h_6","h_7","h_8","h_9");
?>
```

```
    </table>

    <h4>配列で表示</h4>

    <table border="2">

    <tr>

    <th>番号</th>

    <th>書名</th>

    </tr>

<?php

    foreach($isdn as $ban => $syomei){

        print "<tr><td>{$ban}</td><td>{$syomei}</td></tr>";

    }

?>

    </table>

    </body>

</html>
```

【例題 3-14 のプログラム解説】

・compact 文の一般形

$ 配列名＝compact($ 変数名 1, $ 変数名 2, ・・・, $ 変数名 n);

$ 変数名 1, $ 変数名 2, ・・・, $ 変数名 n を配列に変換する。

```
    print "<tr><td>{$h_0}</td></tr>\n";

    print "<tr><td>{$h_1}</td></tr>\n";

    print "<tr><td>{$h_2}</td></tr>\n";
```

```
    print "<tr><td>{$h_3}</td></tr>¥n";

    print "<tr><td>{$h_4}</td></tr>¥n";

    print "<tr><td>{$h_5}</td></tr>¥n";

    print "<tr><td>{$h_6}</td></tr>¥n";

    print "<tr><td>{$h_7}</td></tr>¥n";

    print "<tr><td>{$h_8}</td></tr>¥n";

    print "<tr><td>{$h_9}</td></tr>¥n";
```

変数で書名を書名を表示している。
```
$isdn=compact("h_0","h_1","h_2","h_3","h_4","h_5","h_6","h_7","h_8","h_9");
```

変数を次のような配列に変換している。

h_0→$isdn[0]

h_1→$isdn[1]

h_2→$isdn[2]

・・・

h_9→$isdn[9]

例題 3-15　配列の結合 array_merge

例題 3-15　教科目の配列$kamoku1 に"英語"，"数学"，"国語"を登録する。次に
配列$kamoku2 に"物理"，"化学"，"世界史"を登録する。$kamoku1 と$kamoku2 を
結合した配列$kyouka を作成して表示する PHP プログラムを作成せよ。

番号	科目名
0	英語
1	数学
2	国語
3	物理
4	化学
5	世界史

例題 3-15 の出力例

【例題 3-15 プログラム】

```
<!DOCTYPE html>

<html>

    <head>

        <title>

            例題 3-15　配列の結合

        </title>

    </head>

    <body>

    <?php

        $kamoku1 = array("英語", "数学", "国語");

        $kamoku2 = array("物理", "化学", "世界史");


        $kyouka = array_merge($kamoku1, $kamoku2);


        print "<table border=\"2\">";

        print "<tr>";

        print "<th>番号</th>";

        print "<th>科目名</th>";

        print "</tr>";
```

```
foreach($kyouka as $ban => $kyoukamoku) {

    print "<tr><td>{$ban}</td><td>{$kyoukamoku}</td></tr>";

}

print "</table>¥n";

?>

</body>
```

</html>

【例題 3-15 のプログラム解説】

・array_merge の一般形

$配列名＝array_merge($配列名１，$配列名２，・・・$配列名 n)

$配列名１，$配列名２，・・・$配列名 n が結合されて一つの配列 $配列名になる。

例

$h1=array("a","b");

$h2=array("c","d");

$zen=array_merge($h1,$h2);

上記の命令により結合された配列$zen は次のようになる。

$zen[0]="a"，$zen[1]="b"，$zen[2]="c"，$zen[3]="d"

マージ(merge)とは「合併する」といった意味である。配列をマージするとは複数の配列を一つの配列にすることである。

```
    $kamoku1 = array("英語","数学","国語");
```

$kamoku2 = array("物理","化学","世界史");

配列$kamoku1 に"英語"，"数学"，"国語"が設定され，配列$kamoku2 に"物理"，"化学"，"世界史"が設定されている。

$kyouka = array_merge($kamoku1, $kamoku2);

配列$kyouka に"英語"，"数学"，"国語"，"物理"，"化学"，"世界史"が設定される。

例題 3-16　2 次元配列

例題 3-16　2 次元配列$test に氏名，国語，数学の点数を設定して，表示する
PHP プログラムを作成せよ。ただし，出力形式は例題 3-16 の出力例のようにする
こと。

氏名	国語	数学
山田	80	90
倉敷	85	95
岡山	70	100

例題 3-16 の出力例

【例題 3-16 のプログラム】

```
<!!DOCTYPE html>

<html>

    <head>

        <title>

            例題 3-16　2 次元配列

        </title>
```

```
  </head>

  <body>

<?php

    $test[0][0]="山田";

    $test[0][1]=80;

    $test[0][2]=90;

    $test[1][0]="倉敷";

    $test[1][1]=85;

    $test[1][2]=95;

    $test[2][0]="岡山";

    $test[2][1]=70;

    $test[2][2]=100;

?>

  <table border="2">

  <tr>

  <th>氏名</th>

  <th>国語</th>

  <th>数学</th>

  </tr>

<?php

  for($i=0 ; $i<count($test) ; $i++){

      print "<tr>";
```

```
        for($j=0 ; $j<count($test[0]); $j++){

            print "<td>{$test[$i][$j]}</td>";

        }

        print "</tr>";

    }

?>

    </table>

    </body>

</html>
```

【例題 3-16 のプログラム解説】

```
    $test[0][0]="山田";

    $test[0][1]=80;

    $test[0][2]=90;

    $test[1][0]="倉敷";

    $test[1][1]=85;

    $test[1][2]=95;

    $test[2][0]="岡山";

    $test[2][1]=70;

    $test[2][2]=100;
```

この設定で次の表のイメージで記憶場所に氏名，国語，数学の点数が設定される。

氏名	国語	数学
$test[0][0]=山田	$test[0][1]=80	$test[0][2]=90
$test[1][0]=倉敷	$test[1][1]=85	$test[1][2]=95
$test[2][0]=岡山	$test[2][1]=70	$test[2][2]=100

```
for($i=0 ; $i<count($test) ; $i++ ){
```

第 0 行から最終行まで繰り返す。

```
    print "<tr>";
```

　行の始まりのタグ

```
    for($j=0 ; $j<count($test[0]); $j++){
```

　第 0 列から最終列まで繰り返す。

```
        print "<td>{$test[$i][$j]}</td>";
```

　各列に氏名，国語，数学の点数を表示する。

```
    }
```

```
    print "</tr>";
```

　行の終わりのタグ

```
}
```

例題 3-17　2 次元配列　array 使用

例題 3-17　例題 3-16 について，2 次元配列の登録を array を使用した PHP プログラムを作成せよ。出力形式は例題 3-16 と同じにする。

【例題 3-17 のプログラム】

```
<!!DOCTYPE html>
```

```
<html>
```

```
<head>
    <title>
        例題 3-17 array 使用
    </title>
</head>
<body>
<?php
    $test=array(
      array("山田", 80, 90),
      array("倉敷", 85, 95),
      array("岡山", 70, 100)
    );
?>
  <table border="2">
  <tr>
  <th>氏名</th>
  <th>国語</th>
  <th>数学</th>
  </tr>
<?php
  for($i=0 ; $i<count($test) ; $i++ ){
```

```
        print "<tr>";

        for($j=0 ; $j<count($test[0]); $j++){

            print "<td>{$test[$i][$j]}</td>";

        }

        print "</tr>";

    }

?>

    </table>

    </body>

</html>
```

【例題 3-17 のプログラム解説】

```
$test=array(

    array("山田", 80, 90),

    array("倉敷", 85, 95),

    array("岡山", 70, 100)

    );
```

この登録方法は, 例題 3-16 のこの部分と同じである。2 次元配列を登録するには上記の
方法の方がレコード単位で登録できるので, 分かりやすい。

```
$test[0][0]="山田";

$test[0][1]=80;

$test[0][2]=90;

$test[1][0]="倉敷";

$test[1][1]=85;
```

$test[1][2]=95;

$test[2][0]="岡山";

$test[2][1]=70;

$test[2][2]=100;

例題 3-18　関数　function 文

例題 3-18　英語，数学，国語の点数の引数を渡して，合計を求める関数
keisan を呼び出して，合計を表示する PHP プログラムを作成せよ。ただし，出力
形式は例題 3-18 の出力例のようにすること。

英語の点＝80 数学の点＝90 国語の点＝85

3科目の合計=255です。

例題 3-18 の出力例

【例題 3-18 のプログラム】

```
<!DOCTYPE html>

<html>

  <head>

    <title>

      例題 3-18 function 文

    </title>

  </head>

<body>
```

```
<?php

  $ei=80;

  $su=90;

  $koku=85;

  $gokei=keisan($ei, $su, $koku);

  print "3 科目の合計={$gokei} です。<br/>";


  function keisan($ei,$su,$koku)

   {
```
例題 3-18　　print "<hr/>";
```
       print "英語の点={$ei}　数学の点={$su}　国語の点=
{$koku}<br/>";

       $g = $ei + $su + $koku;

       print "<hr/>";

       return $g;

   }

  ?>

   </body>

</html>
```
【例題 3-18 のプログラム解説】

・function 文の一般形
```
function 関数名(引数 1,　引数 2,　...){

  処理 1;
```

処理 2;

}

関数は複数の処理をまとめたもので、プログラムの中から呼び出されるとブロック内に記述された処理を順に実行する。

計算を行うような関数を定義した場合、戻り値として計算結果などを返す。

関数から返された値を変数に対して代入できる。

変数 = 関数名（引数 1，引数 2，...）;

```
$ei=80;

$su=90;

$koku=85;
```

英語，数学，国語の点数を$ei, $su, $koku にそれぞれ設定している。

```
$gokei=keisan($ei, $su, $koku);
```

3 科目の点数$ei, $su, $koku の引数を関数 keisan に渡している。戻り値を$goukei に大州している。

```
print "3 科目の合計={$gokei}です。<br/>";
```

合計の戻り値を表示している。

```
function keisan($ei,$su,$koku)
```

関数 keisan は引数$ei=80,$su=90,$koku=85 を受け取る

```
{

    print "<hr/>";
```

線を引く

print "英語の点＝{$ei}　数学の点＝{$su}　国語の点＝{$koku}
";

点数$ei, $su, $koku を上記の見出しをいれて表示している。

$g = $ei + $su + $koku;

英語$ei，数学$su，国語$koku の点数の合計を$g に代入している。

print "<hr/>";

return $g;

式の値$g を呼び出し元に返す。

　　　}

例題 3-19　　関数　　小計計算

例題 3-19　　単価と数量の引数を渡して，単価×数量の小計を計算する関数 syoukei を呼び出して表示する PHP プログラムを作成せよ。ただし，出力形式は 例題 3-19 の出力例のようにすること。

単価	数量	小計
8000円	2個	16000円
3000円	3個	9000円
1000円	5個	5000円

例題 3-19 の出力例

【例題 3-19 のプログラム】

```
<!!DOCTYPE html>

<html>
```

```
<head>
    <title>
        例題 3-19　小計関数
    </title>
</head>
<body>
<?php
    $kau=array(
      array(8000,2),
      array(3000,3),
      array(1000,5)
    );
?>
  <table border="2">
  <tr>
  <th>単価</th>
  <th>数量</th>
  <th>小計</th>
  </tr>
<?php
  for($i=0 ; $i<3 ; $i++ ){
```

```
        $tanka=$kau[$i][0];

        $kosu=$kau[$i][1];

        $kei=syoukei($tanka, $kosu);

        print "<tr><td>{$tanka}円</td><td>{$kosu}個</td><td>{$kei}円
</td></tr>";

    }

    function syoukei($tanka, $kosu)

    {

      return $tanka * $kosu;

    }

  ?>

    </table>

    </body>

</html>
```

【例題 3-19 のプログラム解説】

```
        $kau=array(

        array(8000, 2),

        array(3000, 3),

        array(1000, 5)

        );
```

上記の命令で，2次元配列として次のようなイメージでメモリに記憶される。

単 価	数 量
8000	2
3000	3
1000	5

```php
for($i=0 ; $i<3 ; $i++ ){

    $tanka=$kau[$i][0];

    $kosu=$kau[$i][1];

    $kei=syoukei($tanka, $kosu);
```

for 文で$i=0 のとき，0行0列の単価 8000 を変数$tanka に入れている。

0行1列の数量 2 を変数$kosu に入れている。

$tanka と$kosu を引数として関数 syoukei に渡している。

関数 syoukei で計算された戻り値が$kei に代入されている。

```php
    print "<tr><td>{$tanka}円</td><td>{$kosu}個</td><td>{$kei}円
</td></tr>";
```

単価，数量，計が表の1行分表示される。

以後$i が 1，2 まで上記の処理が繰り返される。

```php
    }

    function syoukei($tanka,$kosu)
```

関数 syoukei は引数単価，数量を受け取る。

```
    {

    return $tanka * $kosu;
```

単価×数量の式を呼び出し元に返す。

```
    }
```

例題 3-20　関数　見出し表示

例題 3-20　見出し文字とその文字サイズの引数を渡して，その文字と大きさに応じた表示をする関数 midasi を呼び出す PHP プログラムを作成せよ。

コンピュータIT部門の書籍案内

入門書

PHPプログラミング入門

例題 3-20 の出力例

【例題 3-20 のプログラム】

```
<!DOCTYPE html>

<html>

    <head>

        <title>

            例題 3-20　見出し表示　関数

        </title>

    </head>

    <body>

<?php

    midasi("コンピュータ IT 部門の書籍案内", 1);
```

```
        midasi("入門書", 2);

        midasi("PHP プログラミング入門", 3);



    function midasi($moji, $size)
    {
        print "<h$size>{$moji}</h$size>";

        print "<hr/>";

    }
  ?>

    </body>

</html>
```

【例題 3-20 のプログラム解説】

```
    midasi("コンピュータ IT 部門の書籍案内", 1);
```

実引数として$moji に"コンピュータ IT 部門の書籍案内"を，$size に 1 を渡している。その文字と大きさに応じて例題 3-20 の出力例のように「**コンピュータ IT 部門の書籍案内**」を表示している。

```
    midasi("入門書", 2);
```

実引数として$moji に"入門書"を，$size に 2 を渡している。その文字と大きさに応じて例題 3-20 の出力例のように「**入門書**」を表示している。

```
    midasi("PHP プログラミング入門", 3);
```

　実引数として$moji に" PHP プログラミング入門"を，$size に 3 を渡している。その文字と大きさに応じて例題 3-20 の出力例のように「**PHP プログラミング入門**」を表示している。

```
function midasi($moji,$size)
```

文字とサイズを引数として受け取る。

```
{
```

```
    print "<h$size>{$moji}</h$size>";
```

文字とサイズに応じて表示する。

```
    print "<hr/>";
```

線を引く。

```
}
```

第3章　章末問題

問題 3-1　current,next 文

次の表に示すように1次元配列$hon に "PHP" から "FORTRAN" まで格納する。

1次元配列からのデータの取出し方法は次のようにする。

①　最初のデータ$hon[0]

②　一つ進み$hon[1]

③　一つ進み$hon[2]

④　一つ進み$hon[3]

⑤　一つ戻り$hon[2]

⑥　一つ進み$hon[3]

⑦　先頭に戻る$hon[0]

出力形式は次に示す表のようにすること。

$hon[0]	$hon[1]	$hon[2]	$hon[3]	$hon[4]
PHP	VBA	Visual BASIC	C 言語	FORTRAN

書名
PHP
VBA
Visual BASIC
C言語
Visual BASIC
C言語
PHP

問題 3-2　sort 降順

　家賃を配列 $ yatin に格納する。次に sort 命令を使用して，家賃を降順に並べ替えて表示する PHP プログラムを作成せよ。ただし，出力形式は次のようにすること。

降順

番号	家賃
0	105000
1	80000
2	77000
3	70000
4	65000
5	50000
6	38000

問題 3-3　2 次元配列

2 次元配列$test に氏名，国語，数学，英語の点数を設定して，表示する PHP プログラムを作成せよ。ただし，出力形式は次のようにすること。

氏名	国語	数学	英語
山田	80	90	75
倉敷	85	95	85
岡山	70	100	90
総社	90	80	95

問題 3-4　関数　面積計算

三角形の底辺と高さの引数を渡して，面積を求める関数 keisan を呼び出して，面積を表示する PHP プログラムを作成せよ。ただし，出力形式は次のようにすること。

三角形の底辺の長さ＝8 高さ＝5のとき

三角形の面積=20です。

問題 3-5　関数　小計計算

単価と数量の引数を渡して，単価×数量の小計を計算する関数 syoukei を呼び出して表示する PHP プログラムを作成せよ。ただし，出力形式は次のようにすること。

品名	単価	数量	小計
ハードディスク	8000円	2個	16000円
USBメモリ	3000円	3個	9000円
DVD	1000円	5個	5000円

問題 3-6　関数　見出し文字

見出し文字とその文字サイズの引数を渡して，その文字と大きさに応じた表示をする関数 midasi を呼び出す PHP プログラムを作成せよ。出力形式は次のようにすること。

コンピュータIT部門の書籍案内

入門書

プログラミング分野

・JavaScript入門　　・VBAプログラミング　　・Visual Basic2013

第4章　クラス

例題 4-1　class　オブジェクトの作成

例題 4-1　Pform クラスを定義し，Pform クラスのオブジェクトを作成する。その
オブジェクトのメンバ変数・メソッドを利用して，書名と価格を表示する PHP プ
ログラムを作成せよ。書名と価格をあらわすメンバ変数に値を設定し，書名と価
格を調べるメソッドを呼び出して，例題 4-1 の出力例のように表示すること。

例題 4-1 の出力例

【例題 4-1 のプログラム】

```
<!DOCTYPE html>

<html>

   <head>

      <title>

         例題 4-1  class

      </title>

   </head>

   <body>

<?php

 $ur = new Pform;

 $ur->syomei = "PHP 入門";

 $ur->kakaku =1500;
```

```
?>

<table border="2">

<tr>

<th>書名</th>

<th>価格</th>

</tr>

<?php

    print "<tr><td>";

    print $ur->getsyomei();

    print "</td><td>";

    print $ur->getkakaku();

    print "</td></tr>";

?>

   </table>

<?php

 class Pform

 {

    public $syomei = "書名";

    public $kakaku = 1500;

    function getsyomei() {return $this->syomei;}

    function getkakaku() {return $this->kakaku;}

 }
```

```
    ?>

      </body>

</html
```

【例題 4-1 のプログラム解説】

クラスとは

PHP ではオブジェクト指向と呼ばれるプログラミング手法を利用することができる。オブジェクト指向を導入すると、効率よくプログラミングを行うことができる。

オブジェクトはクラスを雛形として作成する。クラスは変数と関数を持つことができ、データをまとめて管理することができる。

オブジェクト指向の考え方を基に設計されたライブラリは多く存在するので、取り上げている。

クラスの作成方法

・ class の一般形

```
class クラス名 {

  実装したい処理

}
```

クラスが持つ変数をプロパティ と呼び、public か private で定義する。

public の場合はクラスの外から直接アクセスできる変数になり、private の場合はクラスの外から直接アクセスできない変数になる。

クラスが持つ関数をメソッドと呼び、関数と同様 function で定義する。

定義したクラスからオブジェクトを作成するには new を使用する。作成したオブジェクトは各々が、クラスで定義したプロパティとメソッドを持つ。プロパティやメソッドにアクセスするには、オブジェクトに対して -> （アロー演算子）を使用する。

オブジェクトの作成の一般形

$オブジェクトをあらわす変数名＝new クラス名

・オブジェクトの作成

```
$ur = new Pform;
```

Pform クラスの場合，オブジェクトを作成して，$ur で扱えるようにしている。

```
$ur->syomei = "PHP 入門";
```

メンバ変数 syomei に "PHP 入門" を代入している。

```
$ur->kakaku =1500;
```

メンバ変数 kakaku に 1500 を代入している。

```
    print "<tr><td>";

    print $ur->getsyomei();
```

メソッドを呼び出している。

```
    print "</td><td>";

    print $ur->getkakaku();
```

メソッドを呼び出している。

```
    print "</td></tr>";
```

・クラス Pform の作成

```
class Pform
```

クラス Pform を定義している。

```
{
    public $syomei = "書名";
```

メンバ変数を定義している。

```
    public $kakaku = 1500;

    function getsyomei(){return $this->syomei;}
```

メソッドを定義している。

```
    function getkakaku(){return $this->kakaku;}
```

自分自身のメンバ変数を利用する場合は$this->をつける。

```
}
```

例題 4-2　複数のオブジェクト作成

例題 4-2　例題 4-1 では一つのオブジェクトを作成していましたが，ここでは，二つのオブジェクトを作成して，例題 4-2 の出力例を表示する PHP プログラムを作成せよ。

書名	価格
PHP入門	1500
VBAプログラミング	2000

例題 4-2 の出力例

【例題 4-2 のプログラム】

```
<!DOCTYPE html>

<html>

  <head>

    <title>

      例題 4-2　複数のオブジェクト作成

    </title>

  </head>
```

```
<body>
<?php
 $ur1 = new Pform;
 $ur1->syomei = "PHP 入門";
 $ur1->kakaku =1500;


 $ur2 = new Pform;
 $ur2->syomei = "VBA プログラミング";
 $ur2->kakaku =2000;
?>
 <table border="2">
 <tr>
 <th>書名</th>
 <th>価格</th>
 </tr>
<?php
    print "<tr><td>";
    print $ur1->getsyomei();
    print "</td><td>";
    print $ur1->getkakaku();
    print "</td></tr>";
```

```
        print "<tr><td>";

        print $ur2->getsyomei();

        print "</td><td>";

        print $ur2->getkakaku();

        print "</td></tr>";
    ?>

      </table>
<?php
  class Pform
  {
      public $syomei = "書名";

      public $kakaku = 1500;


      function getsyomei() {return $this->syomei;}

      function getkakaku() {return $this->kakaku;}
  }
    ?>

      </body>
</html>
```

【例題 4-2 のプログラム解説】

```
  $ur1 = new Pform;

  $ur1->syomei = "PHP 入門";
```

```
$ur1->kakaku =1500;
```

1冊目をあらわすオブジェクトである。

```
$ur2 = new Pform;
```

```
$ur2->syomei = "VBA プログラミング";
```

```
$ur2->kakaku =2000;
```

2冊目をあらわすオブジェクトである。

```
    print "<tr><td>";

    print $ur1->getsyomei();

    print "</td><td>";

    print $ur1->getkakaku();

    print "</td></tr>";
```

1冊目の情報をメソッドから呼び出し出力している。

```
    print "<tr><td>";

    print $ur2->getsyomei();

    print "</td><td>";

    print $ur2->getkakaku();

    print "</td></tr>";
```

2冊目の情報をメソッドから呼び出し出力している。

```
class Pform

{

    public $syomei = "書名";

    public $kakaku = 1500;
```

```
function getsyomei(){return $this->syomei;}

function getkakaku(){return $this->kakaku;}

}
```

クラス Pform を定義している。この部分は例題 4-1 と同じである。

複数のオブジェクトを作成するような PHP プログラムは効率よくプログラミングができる。

例題 4-3　カプセル化

例題 4-3　書名と価格のメンバ変数のアクセスを制限する。価格を 0 円以上 5000 円以内としそれ以外はエラー（-1）とするメソッドを公開する PHP プログラムを作成せよ。

例題 4-3 出力例

【例題 4-3 のプログラム】

```
<!DOCTYPE html>

<html>

　<head>

　　<title>

　　　例題 4-3　カプセル化

　　</title>
```

```
  </head>
  <body>
<?php
 $ur = new Pform;
 $ur->setsyomei("PHP 入門");
 $ur->setkakaku(3000);
?>
 <table border="2">
 <tr>
 <th>書名</th>
 <th>価格</th>
 </tr>
<?php
    print "<tr><td>";
    print $ur->getsyomei();
    print "</td><td>";
    print $ur->getkakaku();
    print "</td></tr>";
?>
  </table>
<?php
 class Pform
```

```php
{

    private $syomei = "書名";

    private $kakaku =10;


    public function setsyomei($su)
    {

        $this->syomei = $su;

    }
    public function setkakaku($nedan)
    {

        if($nedan>=0 && $nedan<=5000){


            $this->kakaku = $nedan;

        }
      else


        $this->kakaku=-1;

    }
    function getsyomei(){return $this->syomei;}

    function getkakaku(){return $this->kakaku;}

}
```

```
    ?>

  </body>

</html>
```

【例題 4-3 のプログラム解説】

```
$ur = new Pform;

$ur->setsyomei("PHP 入門");

$ur->setkakaku(3000);
```

private 表示も public 表示もない場合は，public 表示とみなされる。したがって，クラスの外部からのアクセスが可能である。

```
  class Pform

  {

      private $syomei = "書名";

      private $kakaku =10;
```

private なのでクラスの外部からアクセスできない。

```
      public function setsyomei($su)
```

クラスの外部からアクセスできる。

```
      {

          $this->syomei = $su;

      }

      public function setkakaku($nedan)
```

クラスの外部からアクセスできる。

```
      {

          if($nedan>=0 && $nedan<=5000){
```

```
        $this->kakaku = $nedan;

    }
```

価格が 0 円以上 5000 円以下の場合価格設定ができる。

```
    else


        $this->kakaku=-1;
```

それ以外はエラーとする。

```
    }

    function getsyomei () {return $this->syomei;}

    function getkakaku () {return $this->kakaku;}

}
```

例題 4-4 コンストラクタ

> 例題 4-4 例題 4-2 とほぼ同様の表示であるが，ここでは，コンストラクタと静的（static）メンバ変数を使用した PHP プログラムを作成せよ。静的メンバ変数を用いて，合計冊数を求めよ。出力形式は例題 4-4 の出力例のように表示すること。

書名	価格
PHP入門	1500
VBAプログラミング	2000

合計冊数:2

例題 4-4 の出力例

【例題 4-4 のプログラム】

```
<!DOCTYPE html>

<html>

   <head>

      <title>

         例題 4-4  コンストラクタ

      </title>

   </head>

   <body>

<?php

  $ur1 = new Pform("PHP 入門", 1500);

  $ur2 = new Pform("VBA プログラミング", 2000);

?>

  <table border="2">

  <tr>

  <th>書名</th>

  <th>価格</th>

  </tr>

<?php

     print "<tr><td>";

     print $ur1->getsyomei();

     print "</td><td>";

     print $ur1->getkakaku();
```

```php
    print "</td></tr>";


    print "<tr><td>";

    print $ur2->getsyomei();

    print "</td><td>";

    print $ur2->getkakaku();

    print "</td></tr>";
?>
 </table>
<?php
    print "<hr/>";

    print "合計冊数:";

    print Pform::$cnt;
?>


<?php
 class Pform
 {
    public $syomei = "書名";

    public $kakaku = 1500;

    public static $cnt=0;
```

```php
        public function __construct($su, $nedan)
        {
            Pform::$cnt++;
                $this->syomei=$su;
                if($nedan>=0 && $nedan<=5000){
                    $this->kakaku=$nedan;
                }
                else
                    $this->kakaku=-1;
        }
        public function getsyomei(){return $this->syomei;}
        public function getkakaku(){return $this->kakaku;}
    }
?>
    </body>
</html>
```

【例題 4-4 のプログラム解説】

・コンストラクタの一般形

```php
class クラス名(){
    function __construct(変数, 変数, ...){
        処理
```

```
    }

}
```

【注意】 __construct : 名前の先頭の__は２つのアンダースコアである

　コンストラクタとはクラスからオブジェクトが new によって作成される時に自動的に呼び出されるメソッドである。オブジェクト作成時に初期化処理が必要な場合など、コンストラクタ内に記述しておけば自動的に実行する。

　・ static

　メンバ変数をクラス全体に関連づけるためには，メンバ変数・メソッドの先頭に

static という指定をつける。

例　public static $cnt=0;

static をつけたメンバ変数の情報を知るには

クラス名：：メンバ変数

と書く。

例　print Pform::$cnt;

$ur1 = new Pform("PHP 入門", 1500);

$ur2 = new Pform("VBA プログラミング", 2000);

引数が２つのコンストラクタが呼び出される。

したがって，価格は０円以上５０００円以下がチェックされている。

```
    print "<tr><td>";

    print $ur1->getsyomei();

    print "</td><td>";

    print $ur1->getkakaku();
```

```
print "</td></tr>";
```

1冊目の情報をメソッドから呼び出し出力している。

```
print "<tr><td>";

print $ur2->getsyomei();

print "</td><td>";

print $ur2->getkakaku();

print "</td></tr>";
```

2冊目の情報をメソッドから呼び出し出力している。

```
print "<hr/>";

print "合計冊数:";

print Pform::$cnt;
```

クラス全体に関連付けられた静的変数（static）$cnt により全体の冊数を出力している。

```
class Pform

  {

    public $syomei = "書名";

    public $kakaku = 1500;

    public static $cnt=0;
```

静的メンバ変数 static $cnt を使用している。

```
      public function __construct($su, $nedan)
```

オブジェクトを作成する際に呼び出される。

```
  {

    Pform::$cnt++;
```

クラスに関する変数 $cnt をインクリメント（１づつ増加）する。

```
$this->syomei=$su;

if($nedan>=0 && $nedan<=5000) {

    $this->kakaku=$nedan;

    }

else

    $this->kakaku=-1;

}
```

価格の範囲制限をしている。

```
public function getsyomei(){return $this->syomei;}

public function getkakaku(){return $this->kakaku;}

}
```

例題 4-4　派生クラス

例題 4-4　例題 4-1 の Pform を基底クラスとして，出版社と著者を追加するための派生クラス User を定義した PHP プログラムを作成せよ。ただし，出力形式は例題 4-4 の出力例のように表示すること。

書名	価格	出版社	著者
書名:JavaScript入門	957	アマゾン	草野　泰秀

例題 4-4 の出力例

【例題 4-4 のプログラム】

```
<!DOCTYPE html>
```

```
<html>
  <head>
    <title>
        例題 4-4　派生クラス
    </title>
  </head>
  <body>
<?php
  $ur1 = new User("JavaScript 入門", 957, "アマゾン", "草野　泰秀");
?>
  <table border="2">
  <tr>
  <th>書名</th>
  <th>価格</th>
  <th>出版社</th>
  <th>著者</th>
  </tr>
<?php
    print "<tr><td>";
    print $ur1->getsyomei();
    print "</td><td>";
    print $ur1->getkakaku();
```

```php
    print "</td><td>";

    print $ur1->getsyuppan();

    print "</td><td>";

    print $ur1->getcyosya();

    print "</td></tr>";
?>

 </table>
<?php
 class Pform
 {
    protected $syomei = "書名";

    protected $kakaku = 1500;

    public function __construct($su, $nedan)
    {
        $this->syomei=$su;

        if($nedan>=0 && $nedan<=5000) {

            $this->kakaku=$nedan;

          }

        else

            $this->kakaku=-1;

     }
```

```php
    public function getsyomei() {return $this->syomei;}

    public function getkakaku() {return $this->kakaku;}
}
class User extends Pform
{
    private $syuppan = "○○○○";

    private $cyosya ="○○○○";

    public function __construct($su, $nedan, $syu, $cyo)
    {
        parent::__construct($su, $nedan);

        $this->syuppan=$syu;

        $this->cyosya=$cyo;
    }
    public function getsyomei() {return "書名：" . $this->syomei;}

    public function getsyuppan() {return $this->syuppan;}

    public function getcyosya() {return $this->cyosya;}
}
?>
    </body>
</html>
```

【例題 4-4 のプログラム解説】

・派生クラスの一般形

```
class 派生クラス名　extends　基底クラス名 {
    処理

}
```

　クラスの継承とは、あるクラスの機能を引き継いで新しいクラスを定義することである。継承元のクラスを基底クラス、継承先のクラスを派生クラスという。

　基底クラスを継承して定義された派生クラスは基底クラスで定義されていた変数及び関数にアクセスすることが出来るが、ここでアクセス修飾子が関係している。protected と public のアクセス修飾子をつけたもののみ、派生クラスからアクセス可能である。

class User extends Pform

基底クラス Pform から派生クラス User を定義している。

```
    {

        private $syuppan = "○○○○";

        private $cyosya ="○○○○";

        public function __construct($su, $nedan, $syu, $cyo)
```

派生クラスのコンストラクタである。

```
        {

                parent::__construct($su, $nedan);
```

基底クラスのメンバを初期化するために，基底クラスのコンストラクタを呼び出している。

```
                $this->syuppan=$syu;

                $this->cyosya=$cyo;

        }

        public function getsyomei(){return "書名："  . $this->syomei;}
```

次の行から追加するメソッドである。

```php
public function getsyuppan(){return $this->syuppan;}

public function getcyosya(){return $this->cyosya;}
}
```

例題 4-5　ファイル分割

例題 4-5　例題 4-4 の PHP プログラムのクラス定義ファイル Honclass.php と

rei3-26betufile.php ファイルに分割して保存する。rei3-26betufile.php プロ

グラムから別ファイル Honclass.php を呼び出して利用できるようにする。

書名	価格	出版社	著者
書名：JavaScript入門	957	アマゾン	草野　泰秀

例題 4-5 の出力例

【Honclass.php ファイル】

```php
<?php
  class Pform
  {
      protected $syomei = "書名";

      protected $kakaku = 1500;


      public function __construct($su, $nedan)
      {
          $this->syomei=$su;

          if($nedan>=0 && $nedan<=5000){
```

```php
        $this->kakaku=$nedan;
        }
      else
        $this->kakaku=-1;
    }
  public function getsyomei(){return $this->syomei;}

  public function getkakaku(){return $this->kakaku;}
}
class User extends Pform
{
  private $syuppan = "○○○○";

  private $cyosya ="○○○○";


  public function __construct($su, $nedan, $syu, $cyo)
  {
      parent::__construct($su, $nedan);

      $this->syuppan=$syu;

      $this->cyosya=$cyo;
  }
  public function getsyomei(){return "書名:" . $this->syomei;}

  public function getsyuppan(){return $this->syuppan;}
```

```php
        public function getcyosya(){return $this->cyosya;}
    }
?>
```

【例題 4-5 のプログラム】

```php
<?php include "Honclass.php"; ?>
<!DOCTYPE html>
<html>
    <head>
        <title>
            例題 4-5　別ファイル読み込み
        </title>
    </head>
    <body>
<?php
    $ur1 = new User("JavaScript 入門", 957, "アマゾン", "草野　泰秀");
?>
    <table border="2">
    <tr>
    <th>書名</th>
    <th>価格</th>
    <th>出版社</th>
    <th>著者</th>
```

```
        </tr>
    <?php
        print "<tr><td>";

        print $ur1->getsyomei();

        print "</td><td>";

        print $ur1->getkakaku();

        print "</td><td>";

        print $ur1->getsyuppan();

        print "</td><td>";

        print $ur1->getcyosya();

        print "</td></tr>";

    ?>
        </table>

        </body>

</html>
```

【例題 4-5 のプログラム解説】

　一度作成したクラスや関数をファイルにして保存しておくと，様々なプログラムから関数やクラスが再利用できる。このような手法を理解すれば，プログラム作成が効率的にできる。

```
<?php include "Honclass.php"; ?>
```

　クラス定義ファイル Honclass.php ファイルを読み込む。

```
$ur1 = new User("JavaScript 入門",957,"アマゾン","草野　泰秀");
```

別ファイルのクラスを呼び出している。

第4章　章末問題

問題 4-1　複数オブジェクト

例題 4-2 では2つのオブジェクトを作成していましたが，ここでは，3つのオブジェクトを作成して，次の表を表示する PHP プログラムを作成せよ。

書名	価格
PHP入門	1500
VBAプログラミング	2000
Visual Basic2013	2500

問題 4-2　コンストラクタ

例題 4-4 とほぼ同様の表示であるが，ここでは，コンストラクタと静的（static）メンバ変数を使用した PHP プログラムを作成せよ。静的メンバ変数を用いて，合計冊数を求めよ。出力形式は次のように表示すること。

書名	価格
PHP入門	1500
VBAプログラミング	2000
Visual Basic2013	2500

合計冊数:3

第5章　文字列

例題 5-1　半角文字列比較

例題 5-1　任意の文字列２つについて，半角文字列の長さを計算して比較する
PHP プログラムを作成せよ。ただし，出力形式は例題 5-1 のように表示すること。

kurasikisiの文字の長さは10です。
okayamasiの文字の長さは9です。

文字の長さは等しくない。

例題 5-1 の出力例

【例題 5-1 プログラム】

```
<!!DOCTYPE html>

<html>

    <head>

        <title>

            例題 5-1　文字列の比較

        </title>

    </head>

    <body>

<?php

    $si1="kurasikisi";

    $si2="okayamasi";
```

```
$v1=strlen($si1);

$v2=strlen($si2);

print(sprintf("kurasikisi の文字の長さは%d です。",$v1).'<br>');

print(sprintf("okayamasi の文字の長さは%d です。",$v2).'<br>');

print "<hr/>";

if (strcmp($si1,$si2) == 0){

        print "文字の長さは等しい。<br>";

    }

    else{

        print "文字の長さは等しくない。<br>";

}

print "<hr/>";

?>

</body>

</html>
```

【例題 5-1 のプログラム解説】

・ strlen(文字列)

文字列の長さを取得する。

引数に指定した文字列の長さを取得する。バイト数での取得となるので半角 1 文字で
1 バイトとなる。

【例】

strlen('abc') --> 3

- strcmp(文字列 1, 文字列 2)

等しい場合は、0 を返す。

大文字と小文字を区別する。

- strcasecmp(文字列 1, 文字列 2)

大文字と小文字を区別しない。

```
$si1="kurasikisi";

$si2="okayamasi";
```

変数$si2 に文字列"okayamasi"に代入している。

```
$v1=strlen($si1);

$v2=strlen($si2);
```

文字列変数$si2 の"okayamasi"の長さ 9 を変数$v2 に代入している。

```
print(sprintf("kurasikisi の文字の長さは%d です。",$v1).'<br>');

print(sprintf("okayamasi の文字の長さは%d です。",$v2).'<br>');
```

$v2 を表示している。

```
print "<hr/>";
```

線を引いている。

```
if (strcmp($si1,$si2) == 0){

        print "文字の長さは等しい。<br>";

    }

    else{

    print "文字の長さは等しくない。<br>";

}
```

文字列$si1 と$si2 の長さを比較して，等しい場合は"文字の長さは等しい。"を表示し，そうでない場合は"文字の長さは等しくない。"を表示する。

例題5-2　全角文字（漢字）列の長さ

例題5-2　半角文字列と全角文字列の長さを計算する関数 strlen と mb_strlen を使用して，それぞれの文字列の長さを出力する PHP プログラムを作成せよ。ただし，出力形式は例題5-2 の出力例のように表示するすること。

都道府県	strlen	mb_strlen
岡山県	9	3
東京都	9	3
和歌山県	12	4
北海道	9	3
oosakafu	8	8

例題5-2 の出力例

【例題5-2 のプログラム】

```
<!DOCTYPE html>

<html>

    <head>

        <title>

            例題5-2 mb_strlen

        </title>

    </head>

    <body>

<?php

    $ken=array("岡山県","東京都","和歌山県","北海道","oosakafu");
```

```
      ?>

        <table border="2">

        <tr>

        <th>都道府県</th>

        <th>strlen</th>

        <th>mb_strlen</th>

        </tr>

      <?php

        foreach($ken as $ban){

            print "<tr><td>{$ban}</td><td>";

            print strlen($ban);

            print "</td><td>";

            print mb_strlen($ban,'UTF-8');

            print "</td></tr>\n";

        }

      ?>

        </table>

        </body>

</html>
```

【例題 5-2 のプログラム解説】

・mb_strlen 関数の一般形

mb_strlen (文字列 [, 'エンコーディング'])

指定した文字列の長さを取得する。

全角文字（マルチバイト）文字列の長さも正しく取得する。

エンコーディングを指定する。

日本語の場合、"UTF-8"、"EUC-JP"、"SJIS"を指定する。

エンコーディングの指定を省略した場合は、 内部エンコーディング†を使用する。

```
foreach($ken as $ban){

    print "<tr><td>{$ban}</td><td>";

    print strlen($ban);

    print "</td><td>";

    print mb_strlen($ban,'UTF-8');
```

$ban の文字列をエンコーディング' UTF-8' に指定している。

```
    print "</td></tr>¥n";

}
```

上記の例以外の方法として,

```
mb_language("ja");
```
────→日本語環境の設定。

```
mb_internal_encoding("UTF-8");
```
──→文字コードを"UTF-8"に設定

上記の2行を追加すれば,

```
print mb_strlen($ban,'UTF-8');
```

上記の行は

```
print mb_strlen($ban);
```

のように書き換えればよい。

例題 5-3　文字の変換

例題 5-3　アルファベットの任意の文字列を，大文字，小文字，4 文字取出し，逆順に並べ替えをする PHP プログラムを作成せよ。ただし，出力形式は，例題 5-3 の出力例のように表示すること。

文字列	大文字	小文字	4文字取出し	逆順
Okayamaken	OKAYAMAKEN	okayamaken	Okay	nekamayakO
Tokyoto	TOKYOTO	tokyoto	Toky	otoykoT
Wakayamaken	WAKAYAMAKEN	wakayamaken	Waka	nekamayakaW
Osakafu	OSAKAFU	osakafu	Osak	ufakasO
Hokkaidou	HOKKAIDOU	hokkaidou	Hokk	uodiakkoH

例題 5-3 の出力例

【例題 5-3 のプログラム】

```
<html>

  <head>

    <title>

      例題 5-3　文字列の変換

    </title>

  </head>

  <body>

  <?php

$ken=array("Okayamaken","Tokyoto","Wakayamaken","Osakafu","Hokkaidou");

  ?>
```

```
<table border="2">

<tr>

<th>文字列</th>

<th>大文字</th>

<th>小文字</th>

<th>4 文字取出し</th>

<th>逆順</th>

</tr>

<?php

    foreach($ken as $ban){

        print "<tr><td>{$ban}</td><td>";

        print strtoupper($ban);

        print "</td><td>";

        print strtolower($ban);

        print "</td><td>";

        print substr($ban,0,4);

        print "</td><td>";

        print strrev($ban);

        print "</td></tr>\n";

    }

?>

    </table>
```

```
    </body>

</html>
```

【例題 5-3 のプログラム解説】

・ strtoupper (文字列)

アルファベットをすべて大文字に変換した文字列を返す関数である。

・ strtolower (文字列)

アルファベットをすべて小文字に変換した文字列を返す関数である。

・ substr ("対象文字列", "開始位置", "バイト");

substr 関数は文字列中の指定位置からの文字列を返す関数である。

1 番目の引数には対象文字列を指定し、2 番目の引数には開始位置を指定する。 3 番目の"バイト"はオプションの引数である。

・ strrev (逆順にしたい文字列)

逆順にした文字列を返す。

```
    foreach ($ken as $ban) {

        print "<tr><td>{$ban}</td><td>";

        print strtoupper($ban);
```

アルファベットをすべて大文字に変換している。

```
        print "</td><td>";

        print strtolower($ban);
```

アルファベットをすべて小文字に変換している。

```
        print "</td><td>";

        print substr($ban, 0, 4);
```

先頭から 4 文字分取り出している。

```
print "</td><td>";
```

```
print strrev($ban);
```

文字列を逆順に並び替えている。

```
print "</td></tr>\n";
```

```
}
```

例題 5-4　検索

例題 5-4　任意の文字列の中に検索文字（Osakafu）があれば「一致する」を表示し，それ以外は「×」を表示する PHP プログラムを作成せよ。ただし，出力形式は，例題 5-4 の出力例のように表示すること。

検索文字	文字列	一致
Osakafu	Okayamaken	×
Osakafu	Tokyoto	×
Osakafu	OOsakafu	一致する
Osakafu	Wakayamaken	×
Osakafu	Osakafu	一致する
Osakafu	Hokkaidou	×

例題 5-4 の出力例

【例題 5-4 のプログラム】

```
<!DOCTYPE html>

<html>

  <head>

    <title>

      例題 5-4　検索

    </title>
```

```
    </head>

    <body>

<?php

$ken=array("Okayamaken","Tokyoto","OOsakafu","Wakayamaken","Osakafu","Hokkaidou")
;

    $kensaku="Osakafu";

?>

    <table border="2">

    <tr>

    <th>検索文字</th>

    <th>文字列</th>

    <th>一致</th>

    </tr>

<?php

    foreach($ken as $ban){

        print "<tr><td>{$kensaku}</td><td>{$ban}</td>";

        $itti=preg_match("/" . $kensaku . "/",$ban)

            ? "一致する": "×";

        print "<td>{$itti}</td></tr>";

    }

?>

    </table>
```

```
  </body>

</html>
```

【例題 5-4 のプログラム解説】

・preg_match の一般形

・preg_match （ ／パターン／ ， 検索する文字列 [, マッチ配列 [, フラグ= 0 [,オフセット = 0]]] ）

パターン が指定した”検索する文字列“にマッチした場合に 1 を返す。 マッチしなかった場合は 0、エラーが発生した場合は FALSE を返す。

```
    $itti=preg_match("/" . $kensaku . "/",$ban)

    ? "一致する": "×";
```

例題 2-13 で説明した条件演算子を使用した判断文である。一般形は次のようになる

（真偽値式）？（真の場合に評価する式） ： （偽の場合に評価する式）

パターン が指定した”検索する文字列“にマッチした場合に「一致する」そうでない場合に「×」を表示する。

例題 5-5 　文字クラス

例題 5-5 　文字クラスを使った正規表現[ab], [c-e], [ˆgh]のパターンに対して，文字列 a〜g までの文字がマッチすれば「○」を，マッチしないならば「×」を表示する PHP プログラムを作成せよ。ただし，出力形式は，例題 5-5 の出力例のように表示する。

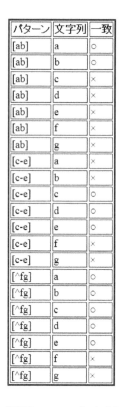

パターン	文字列	一致
[ab]	a	○
[ab]	b	○
[ab]	c	×
[ab]	d	×
[ab]	e	×
[ab]	f	×
[ab]	g	×
[c-e]	a	×
[c-e]	b	×
[c-e]	c	○
[c-e]	d	○
[c-e]	e	○
[c-e]	f	×
[c-e]	g	×
[^fg]	a	○
[^fg]	b	○
[^fg]	c	○
[^fg]	d	○
[^fg]	e	○
[^fg]	f	×
[^fg]	g	×

例題 5-5 の出力例

【例題 5-5 のプログラム】

```
<!DOCTYPE html>

<html>

    <head>

        <title>

            例題 5-5　文字クラス

        </title>

    </head>

    <body>
```

```php
<?php
  $ken=array("[ab]","[d-f]","[^g]");

  $kensaku=array("a","b","c","d","e","f","g");
?>
  <table border="2">
  <tr>
  <th>パターン</th>
  <th>文字列</th>
  <th>一致</th>
  </tr>
<?php
  foreach($ken as $ban){
    foreach($kensaku as $banmoji){
        print "<tr><td>{$ban}</td><td>{$banmoji}</td>";
        $itti=preg_match("/" . $ban . "/",$banmoji)
        ? "○": "×";
      print "<td>{$itti}</td></tr>\n";
    }
  }
?>
  </table>
  </body>
```

</html

【例題 5-5 のプログラム解説】

文字クラス

[ ]で囲まれているパターーンは文字クラスと呼ばれる。

文字クラスの主なパターーン例を次表に示す。

文字クラス	
[abc]	a,b,c いずれかの 1 文字
[^abc]	a,b,c 以外の 1 文字
[A-Z]	大文字のアルファベット 1 文字
[0-9]	数字 1 文字
[a-zA-Z0-9]	アルファベットか数字 1 文字

```php
foreach($ken as $ban){

    foreach($kensaku as $banmoji){

        print "<tr><td>{$ban}</td><td>{$banmoji}</td>";

        $itti=preg_match("/" . $ban . "/",$banmoji)

         ? "○" : "×";

    print "<td>{$itti}</td></tr>¥n";

    }

}
```

2重ループで各パターンに対して，検索文字 a〜g までパターンマッチングをしている。

例題 5-6　ファイルの拡張子変換

例題 5-6　拡張子が.html または.php または.doc であるときに.txt に置換する PHP プログラムを作成せよ。ただし，出力形式は，例題 5-6 の出力例のように表示すること。

元のフィアル	変換後
test.html	test.txt
proguram.php	proguram.txt
sample.doc	sample.txt
pro2.xls	pro2.xls

例題 5-6 出力例

【例題 5-6 のプログラム】

```
<!DOCTYPE html>

<html>

    <head>

        <title>

            例題 5-6　ファイルの属性変換

        </title>

    </head>

    <body>

<?php
```

```
        $ken=array("test.html","proguram.php","sample.doc","pro2.xls");
?>

    <table border="2">

    <tr>

    <th>元のフィアル</th>

    <th>変換後</th>

    </tr>

<?php

    foreach($ken as $ban){

        $henkan=preg_replace("/¥.(html|php|doc)$/",".txt",$ban);

        print "<tr><td>{$ban}</td><td>{$henkan}</td></tr>";

    }

?>

    </table>

    </body>

</html>
```

【例題 5-6 のプログラム解説】

・preg_replace の一般形

正規表現で条件を指定して文字列の置換をする。

preg_replace(パターン,置換後のテキスト,置換前の元テキスト[, 置換を行う最大回数])

```
        foreach($ken as $ban){

            $henkan=preg_replace("/¥.(html|php|doc)$/",".txt",$ban);
```

拡張子が.html または.php または.doc であるときに.txt に置換する。

第6章　フォーム

例題 6-1　フォーム　ドロップダウンメニュー

例題 6-1　プログラミング入門書をプルダウンメニュー表示から選択できる
PHP プログラムを作成せよ。ただし，ここでは，例題 6-1 の出力例 1，2 のように
表示させるだけでよい。

プログラミング入門書の案内

JavaScript入門　　　　　　　　　　　　　　　　　　 ∨

例題 6-1 の出力例 1

プログラミング入門書の案内

```
JavaScript入門
誰にでも手軽にEXCELでできるVBAプログラミング
PHP入門
Visual Basic2013入門
Visual  C#入門
Visual C++入門
```

例題 6-1 の出力例 2

【例題 6-1 プログラム】

```
<!DOCTYPE html>

<html>

   <head>

      <title>

         例題 6-1　フォームドロップダウンメニュー

      </title>

   </head>
```

```
<body>

<?php

    $hon=array("JavaScript 入門","誰にでも手軽に EXCEL でできる VBA プログ
ラミング","PHP 入門","Visual Basic2013 入門","Visual  C#入門","Visual
C++入門");

?>

    <h3>プログラミング入門書の案内</h3>

    <form>

    <select name="syomei">

<?php

    foreach($hon as $syomei => $value){

        print "<option value={$value}>{$value}</option>";

    }

?>

    </select>

    </form>

    </body>

</html>
```

【例題 6-1 プログラム解説】

・ドロップダウンメニューの一般形

```
<select name="名前">

    <option value=" 値" >表示</option>
```

```
</select>
```

PHP の最も強力な機能の一つは、HTML フォームを処理するできることである。

フォームの中の全てのフォーム要素が、 自動的に PHP スクリプトで利用可能になる。

```
<select name="syomei">
```

<select>タグでドロップダウンメニューをあらわす。

```
  <?php
    foreach($hon as $syomei => $value){
      print "<option value={$value}>{$value}</option>";
```

<option>タグで項目をあらわす。

```
    }
  ?>
</select>
```

例題 6-2　リストフォーム

例題 6-2　プログラミング入門書をリストフォームメニューから選択できる PHP プログラムを作成せよ。ただし，ここでは，例題 6-2 の出力例のように表示させるだけでよい。

プログラミング入門書の案内
JavaScript入門
誰にでも手軽にEXCELでできるVBAプログラミング
PHP入門
Visual Basic2013入門
Visual　C#入門
Visual C++入門

例題 6-2 の出力例

【例題 6-2 のプログラム】

```
<!DOCTYPE html>

<html>

    <head>

        <title>

            例題 6-2　リストフォーム

        </title>

    </head>

    <body>

<?php

    $hon=array("JavaScript 入門","誰にでも手軽に EXCEL でできる VBA プログ
ラミング","PHP 入門","Visual Basic2013 入門","Visual　C#入門","Visual
C++入門");

 ?>

        <h3>プログラミング入門書の案内</h3>

        <form>

        <select size="6" name="syomei">

<?php

    foreach($hon as $syomei => $value){

        print "<option value={$value}>{$value}</option>";

    }

 ?>

        </select>
```

```
    </form>

    </body>

</html>
```

【例題 6-2 のプログラム解説】

```
<form>

    <select size="6" name="syomei">
```

<select>タグでリストボックスメニューをあらわす。size=6 は項目数が 6 あることを示す。

```
    <?php

    foreach($hon as $syomei => $value){

        print "<option value={$value}>{$value}</option>";
```

<option>タグで項目をあらわす。

```
    }

    ?>
```

例題 6-3　フォーム選択　送信

例題 6-3　例題 6-2 のリストフォームで書名を選択して送信ボタンをクリックすれば，選択された書名が表示される PHP プログラムを作成せよ。ただし，出力形式は，次の順番で表示できるようにする。

最初はリストフォームで書名の入り欄が表示される例題 6-3 出力例 1

2 番目に書名を選択する例題 6-3 の出力例 2

送信ボタンをクリックした場合，「 誰にでも手軽に EXCEL でできる VBA プログラミング」を購入されました。例題 6-3 の出力例 3

プログラミング入門書の案内

```
JavaScript入門
誰にでも手軽にEXCELでできるVBAプログラミング
PHP入門
Visual Basic2013入門
Visual  C#入門
Visual C++入門
```
送信

例題 6-3 の出力例 1

プログラミング入門書の案内

```
JavaScript入門
誰にでも手軽にEXCELでできるVBAプログラミング
PHP入門
Visual Basic2013入門
Visual  C#入門
Visual C++入門
```
送信

例題 6-3 の出力例 2

プログラミング入門書の案内

```
JavaScript入門
誰にでも手軽にEXCELでできるVBAプログラミング
PHP入門
Visual Basic2013入門
Visual  C#入門
Visual C++入門
```
送信
「誰にでも手軽にEXCELでできるVBAプログラミング」を購入されました。

例題 6-3 の出力例 3

【例題 6-3 プログラム】

```
<!DOCTYPE html>

<html>

    <head>

        <title>
```

例題 6-3　フォーム選択

```
    </title>
  </head>
  <body>
<?php
    $hon=array("JavaScript 入門","そう s,"PHP 入門","Visual Basic2013 入門","Visual  C#入門","Visual C++入門");
  ?>
    <h3>プログラミング入門書の案内</h3>
    <form action="http://localhost/phppro/rei6-3formsentaku.php" method="post">
    <select size="6" name="syomei">
  <?php
      foreach($hon as $syomei => $value){
          print "<option value=¥"{$value}¥">{$value}</option>";
      }
  ?>
    </select>
    <input type="submit" value="送信">
    </form>
  <?php
    if(isset($_POST["syomei"]))
      print "「{$_POST["syomei"]}」を購入されました。<br/>";
```

```
  ?>

  </body>

</html>
```

【例題 6-3 プログラム解説】

```
<form action="http://localhost/phppro/rei6-3formsentaku.php" method="post">
```

action で指定する URL は送信先である。

```
  <select size="6" name="syomei">

  <?php

    foreach($hon as $syomei => $value){

      print "<option value=¥"{$value}¥">{$value}</option>";
```

リストフォームから選択されたものが送信される。

```
    }

  ?>

  </select>

  <input type="submit" value="送信">
```

「送信ボタン」submit button で送信される。

```
  </form>

  <?php

    if(isset($_POST["syomei"]))
```

リストフォームから選択された書名が送信されたら。

```
      print "「{$_POST["syomei"]}」を購入されました。<br/>";
```

その内容「syomei」が表示される。

?>

例題 6-4　テキストボックスから送信

例題 6-4　テキストボックスから書名を入力して送信ボタンをクリックすれば，その書名が表示される PHP プログラムを作成せよ。ただし，出力形式は，次の順番で表示できるようにする。

最初はテキストボックスの入力フォームが表示される例題 6-4 出力例 1

2 番目に書名をテキストボックスに「PHP 入門上」を入力する例題 6-4 の出力例 2

送信ボタンをクリックした場合，「 PHP 入門上」を購入されました。例題 6-4 の出力例 3

プログラミング入門書の選択

例題 6-4 の出力例 1

プログラミング入門書の選択

例題 6-4 の出力例 2

プログラミング入門書の選択

「PHP入門上」を購入されました。

例題 6-4 の出力例 3

【例題 6-4 のプログラム】

```
<!DOCTYPE html>

<html>

    <head>

        <title>

            例題 6-4　テキストボックスから送信

        </title>

    </head>

    <body>

    <h3>プログラミング入門書の選択</h3>

    <form action="http://localhost/phppro/rei6-4forminput.php"
method="post">

        <input type="text" name="hon">

        <input type="submit" value="送信">

        </form>

        <?php

            if( isset($_POST["hon"]))

                print "「{$_POST["hon"]}」を購入されました。<br/>";

        ?>

        </body>

</html>
```

【例題 6-4 のプログラム解説】

```
<form action="http://localhost/phppro/rei6-4forminput.php" method="post">
```

action で指定する URL は送信先である。

```
<input type="text" name="hon">
```

```
<input type="submit" value="送信">
```

テキストボックスに入力された書名が送信される。

```
</form>
```

```
<?php
```

```
    if( isset($_POST["hon"]))
```

テキストボックスに入力された書名が送信されたら。

```
        print "「{$_POST["hon"]}」を購入されました。<br/>";
```

その書名を表示する。

```
    ?>
```

例題 6-5　ラジオボタンで選択して送信

例題 6-5　ラジオボタンから書名を選択して送信ボタンをクリックすれば，その書名が表示される PHP プログラムを作成せよ。ただし，出力形式は，次の順番で表示できるようにする。

最初はラジオボタンの選択画面が表示される例題 6-5 出力例 1

2 番目にラジオボタンでに「Visual C#入門」を選択する例題 6-5 の出力例 2

送信ボタンをクリックした場合，「Visual C#入門」を購入されました。例題 6-5 の出力例 3

プログラミング入門書の案内

◉JavaScript入門 ○誰にでも手軽にEXCELでできるVBAプログラミング ○PHP入門 ○Visual Basic2013入門 ○Visual　C#入門 ○Visual C++入門
送信

例題 6-5 の出力例 1

プログラミング入門書の案内

○JavaScript入門 ○誰にでも手軽にEXCELでできるVBAプログラミング ○PHP入門 ○Visual Basic2013入門 ◉Visual　C#入門 ○Visual C++入門
送信

例題 6-5 の出力例 2

プログラミング入門書の案内

◉ JavaScript入門 ○誰にでも手軽にEXCELでできるVBAプログラミング ○PHP入門 ○ Visual Basic2013入門 ○ Visual C#入門 ○ Visual C++入門
送信

「Visual C#入門」を購入されました。

例題 6-5 の出力例 3

【例題 6-5 のプログラム】

```
<!DOCTYPE html>

<html>

    <head>

        <title>

            例題 6-5　ラジオボタンで選択

        </title>

    </head>

    <body>

    <?php

        $hon=array("JavaScript 入門","誰にでも手軽に EXCEL でできる VBA プログ
ラミング","PHP 入門","Visual Basic2013 入門","Visual  C#入門","Visual
C++入門");

    ?>

        <h3>プログラミング入門書の案内</h3>

        <form action="http://localhost/phppro/rei6-5formradio.php"
method="post">
```

```php
<?php
    foreach($hon as $id => $value){
        print "<input type=¥"radio¥" name=¥"hon¥" value=¥"{$value}¥"";
        if($id == 0 ) print "checked";
            print "/>";
        print $value;
    }
?>
 <br>
 <input type="submit" value="送信">
 </form>
 <br>
<?php
    if(isset($_POST["hon"]))
        print "「{$_POST["hon"]}」を購入されました。<br/>";
?>
    </body>
</html>
```

【例題 6-5 のプログラム解説】

```
<form action="http://localhost/phppro/rei6-5formradio.php" method="post">
```

action で指定する URL は送信先である。

```php
<?php
```

```
    foreach($hon as $id => $value) {

        print "<input type=¥"radio¥" name=¥"hon¥" value=¥"{$value}¥"";
```

ラジオボタンが表示される。hon 配列要素のラジオボタンから 1 つ選択できる。

```
        if($id == 0 ) print "checked";
```

最初の項目を選択状態にしている。

```
            print "/>";

        print $value;
```

この値が表示される。

```
    }

  ?>

  <br>

  <input type="submit" value="送信">

  </form>

  <br>

  <?php

    if(isset($_POST["hon"]))
```

ラジオボタンで選択して送信したら

```
        print "「{$_POST["hon"]}」を購入されました。<br/>";
```

『「Visual C#入門」を購入されました。』を表示する。

例題 6-6　実践的に実在 Web サーバからメールへ送信

例題 6-6　今までの例題では，Web クライアントと Web サーバが同一マシン上で
稼働する環境で行っていましたが，今回は，実践的に実在する Web サーバに作成

した PHP プログラムをアップロードして行う。

　Web サーバのフォームに「タイトル」，「宛先（自分自身のメールアドレス）」「内容」を入力して「送信ボタン」をクリックすれば，フォームに入力した内容が自分自身のメールアドレスに届く PHP プログラムを作成せよ。ただし，出力形式は例題 6-6 の出力例 1，例題 6-6 の出力例 2 のようにすること。

タイトル：メール送信テスト
宛先：ya-kusano@knh.biglobe.

お元気ですか？

PHPプログラム作成頑張っていますか？

今後のご健闘をお祈りします。

暑さきびしき折，ご自愛ください。|

送信

例題 6-6 の出力例 1

タイトル：
宛先：

送信
送信しました。

例題 6-6 の出力例 2

例題 6-6 の出力例 3

【例題 6-6 のプログラム】

```
<!DOCTYPE html>

<html>

    <head>

    <meta http-equiv="Content-Type" content="text/html; charset=utf-8" >

        <title>

            例題 6-6　実際存在する Web サーバからメールへ送信

        </title>

    </head>

    <body>

    <form action="http://××××-rentalserver.com/rei6-6sendmail.php"
method="post">

    タイトル：<input type="text" name="sbj"><br>

    宛先：<input type="text" name="to"><br>

    <textarea  rows="10" cols="50" name="msg"></textarea><br>
```

```php
<input type="submit" value="送信">

</form>

<?php

  if(isset($_POST["to"]))

    $to=$_POST["to"];


  if(isset($_POST["sbj"]))

    $sbj=$_POST["sbj"];

   else

    $sbj=null;


  if(isset($_POST["msg"]))

    $msg=$_POST["msg"];

   else

    $msg=null;



$hdr="Content-Type: text/plain;charset=ISO-2022-JP";

mb_language("ja");



$sbj=mb_convert_encoding($sbj,"JIS","UTF-8");

$msg=mb_convert_encoding($msg,"JIS","UTF-8");
```

```
    if(isset($_POST["to"]))

    {

      if(mb_send_mail($to, $sbj, $msg, $hdr))

        print "送信しました。¥n";

        else

        print "送信エラーです。¥n";

    }

    ?>

    </body>

</html>
```

【例題 6-6 のプログラムの解説】

・実行手順

実践的に Web サーバ上で実行するためには，PHP と MySQL 等が実行できる Web サーバへ
PHP プログラムをアップロードしなければならない。

　アップロードするソフトウエアはフリーソフトウエアの FFFTP ソフトを利用させて
いただければ，簡単にアップロードできる。

　FFFTP は 1997 年に曽田純(Sota)が開発した FTP クライアントソフトウェアである。

三面分割型の GUI を持ち、左側はローカル側ファイル一覧、右側はリモート側ファイ
ル一覧、下側に次図のように作業履歴が表示される。

　つまり，左側のローカルファイル一覧の「rei6-6sendmail.php」プログラムをクリ
ックして選択する。次にアップロードアイコンをクリックすれば，Web サーバへアップ
ロードできる。アップロードが成功すれば，右側のリモート側ファイル一覧に「rei6-
6sendmail.php」ファイルが表示される。

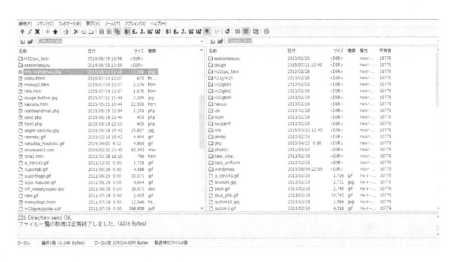

図 6-6-1　FFFTP による Web サーバへのアップロード

アップロードがしゅうりょうすれば，ブラウザから設定した URL を入力すれば，実行できる。

【例題 6-6 のプログラム解説】

```
<meta http-equiv="Content-Type" content="text/html; charset=utf-8">
```

文字化け対策をしている。サーバによっては，すでに設定されている場合もあるので，この行は省略することもできる。

```
    <title>

        例題 6-6　実際存在する Web サーバからメールへ送信

    </title>

  </head>

<body>

  <form action="http://××××-rentalserver.com/rei6-6sendmail.php"
method="post">
```

アップロードした URL アドレスを指定する。

```
  タイトル：<input type="text" name="sbj"><br>
```

タイトルを入力するフォーム設定をしている。

　　宛先：〈input type="text" name="to"〉〈br〉

宛先アドレスを入力するフォーム設定をしている。

　　〈textarea　rows="10" cols="50" name="msg"〉〈/textarea〉〈br〉

10 行 50 列のメールの内容を入力するテキストボックスのフォーム設定をしている。

　　〈input type="submit" value="送信"〉

送信ボタンの設定をしている。送信ボタンのクリックでフォームメールが送信される。

　　〈/form〉

　〈?php

　if(isset($_POST["to"]))

　　　$to=$_POST["to"];

　　　宛先アドレスが入力されていれば，$to にアドレスを代入する。

　if(isset($_POST["sbj"]))

　　　$sbj=$_POST["sbj"];

　　else

　　$sbj=null;

　　　タイトルが入力されていれば，$sbj にタイトルを代入する。そうでなければ
$sbj に null を代入する。

　if(isset($_POST["msg"]))

　　　$msg=$_POST["msg"];

　　else

```
$msg=null;
```

　テキストボックスに内容が入力されていれば，$msg に内容を代入する。そうでなければ$msg に null を代入する。

```
$hdr="Content-Type: text/plain;charset=ISO-2022-JP";
```

日本語メール用のヘッダである。

```
mb_language("ja");
```

日本語を指定している。

```
$sbj=mb_convert_encoding($sbj,"JIS","UTF-8");

$msg=mb_convert_encoding($msg,"JIS","UTF-8");
```

文字コードを使用コードから JIS に変換する。

```
if(isset($_POST["to"]))

{

    if(mb_send_mail($to,$sbj,$msg,$hdr))

        print "送信しました。¥n";

      else

      print "送信エラーです。¥n";

}
```

　宛先が入力されれば，宛先$to，タイトル$sbj，内容$msg，日本語メール用のヘッダ$hdr を引数にした mb_send_mail()関数を使って送信する。mb_send_mail()関数が真ならば，"送信しました。"を表示し，そうでないならば"送信エラーです。"を表示する。

第2章　章末問題解答

問題 2-1 の解答

```
<!!DOCTYPE html>

<html>

    <head>

        <title>

            問題 2-1

        </title>

    </head>

    <body>


    <?php

        print "<li>ようこそＰＨＰへ！</li>";

        print "<li>PHP を頑張りましょう！</li>";

        print "<li>今日は".date("Y 年 m 月 d 日")."です</li>";

    ?>

    </body>

</html>
```

問題 2-2 の解答

```
<!!DOCTYPE html>

<html>
```

```
<head>

    <title>

        問題 2-2    16 進数表示

    </title>

</head>

<body>

<?php

    print "<li>10 進数の 10 は";

    print 10;

    print "</li>";

    print "<li>16 進数の 10 は";

    print 0x10;

    print "</li>";

?>

</body>

</html>
```

問題 2-3 の解答
```
<!!DOCTYPE html>

<html>

    <head>

        <title>

            問題 2-3

        </title>
```

```
    </head>

    <body>

    <?php

        $name="山田太郎";

        print "私の名前は";

        print $name;

        print "です。<br/>"

    ?>

    </body>

  </html>
```

問題 2-4 の解答

```
  <!!DOCTYPE html>

  <html>

    <head>

        <title>

            問題 2-4

        </title>

    </head>

    <body>

    <?php

        $a=3;

        $b=5;
```

```
        $wa= $a + $b;

        print "a+b=' $wa' <br/>";

    ?>

    </body>

</html>
```

第3章　章末問題解答

問題 3-1 の解答

```
<!DOCTYPE html>

<html>

    <head>

        <title>

            問題 3-1

        </title>

    </head>

    <body>

<?php

    $hon=array("PHP","VBA","Visual BASIC","C 言語","FORTRAN");

?>

    <table border="2">

    <tr bgcolor="yellow">

    <th>書名</th>

    </tr>

<?php
```

```php
        print "<tr><td>" . current($hon) . "</td></tr>";

        next($hon);

        print "<tr><td>" . current($hon) . "</td></tr>";

        next($hon);

        print "<tr><td>" . current($hon) . "</td></tr>";

        next($hon);

        print "<tr><td>" . current($hon) . "</td></tr>";

        prev($hon);

        print "<tr><td>" . current($hon) . "</td></tr>";

        next($hon);

        print "<tr><td>" . current($hon) . "</td></tr>";

        reset($hon);

        print "<tr><td>" . current($hon) . "</td></tr>";
    ?>

    </table>

    </body>

</html>
```

問題 3-2 の解答

```html
  <!DOCTYPE html>

<html>

    <head>

        <title>
```

問題 3-2

```
    </title>
  </head>
  <body>
<?php
    $yatin=array(50000, 80000, 77000, 65000, 105000, 38000, 70000);
    rsort($yatin);
?>
    <h4>降順</h4>
    <table border="2">
    <tr bgcolor="#00ffff">
    <th>番号</th>
    <th>家賃</th>
    </tr>
<?php
    foreach($yatin as $ban => $nedan){
        print "<tr><td>{$ban}</td><td>{$nedan}</td></tr>\n";
    }
?>
    </table>
  </body>
</html>
```

問題 3-3 の解答

```
<!!DOCTYPE html>

<html>

    <head>

        <title>

            問題 3-3

        </title>

    </head>

    <body>

    <?php

        $test[0][0]="山田";

        $test[0][1]=80;

        $test[0][2]=90;

        $test[0][3]=75;

        $test[1][0]="倉敷";

        $test[1][1]=85;

        $test[1][2]=95;

        $test[1][3]=85;

        $test[2][0]="岡山";

        $test[2][1]=70;

        $test[2][2]=100;
```

```
        $test[2][3]=90;

        $test[3][0]="総社";

        $test[3][1]=90;

        $test[3][2]=80;

        $test[3][3]=95;

?>

  <table border="2">

  <tr>

  <th>氏名</th>

  <th>国語</th>

  <th>数学</th>

  <th>英語</th>

  </tr>

<?php

   for($i=0 ; $i<count($test) ; $i++ ){

     print "<tr>";

     for($j=0 ; $j<count($test[0]); $j++){

         print "<td>{$test[$i][$j]}</td>";

     }

     print "</tr>";

   }

?>
```

```
        </table>

      </body>

  </html>
```

問題 3-4 の解答
```
  <!!DOCTYPE html>

  <html>

    <head>

        <title>

            問題 3-4　関数

        </title>

    </head>

    <body>

    <?php

    $tei=8;

    $takasa=5;

    $menseki=keisan($tei, $takasa);

    print "三角形の面積={$menseki}です。<br/>";


      function keisan($tei,$takasa)

      {

          print "<hr/>";

          print "三角形の底辺の長さ＝{$tei}　高さ＝{$takasa}のとき<br/>";
```

```php
        $s =( $tei * $takasa )/ 2;

        print "<hr/>";

        return $s;

    }

    ?>

    </body>

</html>
```

問題 3-5 の解答

```php
<!!DOCTYPE html>

<html>

    <head>

        <title>

            例題 3-5

        </title>

    </head>

    <body>

    <?php

        $kau=array(

        array("ハードディスク", 8000, 2),

        array("USB メモリ", 3000, 3),

        array("DVD", 1000, 5)

        );

    ?>
```

```
<table border="2">

<tr>

<th>品名</th>

<th>単価</th>

<th>数量</th>

<th>小計</th>

</tr>

<?php

for($i=0 ; $i<3 ; $i++ ){

    $tanka=$kau[$i][1];

    $kosu=$kau[$i][2];

    $kei=syoukei($tanka, $kosu);

    print "<tr><td>{$kau[$i][0]}</td><td>{$tanka}円</td><td>{$kosu}個
</td><td>{$kei}円</td></tr>\n";

    }

function syoukei($tanka,$kosu)

{

    return $tanka * $kosu;



    }

?>

</table>
```

```
        </body>

    </html>
```

問題 3-6 の解答

```
    <!!DOCTYPE html>

    <html>

        <head>

            <title>

                問題 3-6

            </title>

        </head>

        <body>

    <?php

    midasi("コンピュータ IT 部門の書籍案内",1);

    midasi("入門書",2);

    midasi("プログラミング分野",3);

    print " ・ JavaScript 入門        ・ VBA プログラミング        ・ Visual
Basic2013<br/>¥n";


    function midasi($moji,$size)

      {

          print "<h$size>{$moji}</h$size>";

          print "<hr/>";

      }
```

```
    ?>

      </body>

  </html>
```

第4章　章末問題解答

問題 4-1 の解答

```
  <!DOCTYPE html>

  <html>

    <head>

        <title>

            問題 4-1

        </title>

    </head>

    <body>

  <?php

  $ur1 = new Pform;

  $ur1->syomei = "PHP 入門";

  $ur1->kakaku =1500;


  $ur2 = new Pform;

  $ur2->syomei = "VBA プログラミング";

  $ur2->kakaku =2000;
```

```
$ur3 = new Pform;

$ur3->syomei = "Visual Basic2013";

$ur3->kakaku =2500;

?>

<table border="2">

<tr>

<th>書名</th>

<th>価格</th>

</tr>

<?php

    print "<tr><td>";

    print $ur1->getsyomei();

    print "</td><td>";

    print $ur1->getkakaku();

    print "</td></tr>";


    print "<tr><td>";

    print $ur2->getsyomei();

    print "</td><td>";

    print $ur2->getkakaku();

    print "</td></tr>";
```

```
        print "<tr><td>";

        print $ur3->getsyomei();

        print "</td><td>";

        print $ur3->getkakaku();

        print "</td></tr>";

    ?>

    </table>

    <?php

    class Pform

    {

        public $syomei = "書名";

        public $kakaku = 1500;


        function getsyomei() {return $this->syomei;}

        function getkakaku() {return $this->kakaku;}


    }

    ?>

    </body>

</html>
```

問題 4-2 の解答

```
<!DOCTYPE html>

<html>

  <head>

    <title>

      問題 4-2

    </title>

  </head>

  <body>


  <?php


  $ur1 = new Pform("PHP 入門", 1500);

  $ur2 = new Pform("VBA プログラミング", 2000);

  $ur3 = new Pform("Visual Basic2013", 2500);


  ?>


  <table border="2">

  <tr>

  <th>書名</th>

  <th>価格</th>

  </tr>
```

```php
<?php
    print "<tr><td>";
    print $ur1->getsyomei();
    print "</td><td>";
    print $ur1->getkakaku();
    print "</td></tr>";

    print "<tr><td>";
    print $ur2->getsyomei();
    print "</td><td>";
    print $ur2->getkakaku();
    print "</td></tr>";

    print "<tr><td>";
    print $ur3->getsyomei();
    print "</td><td>";
    print $ur3->getkakaku();
    print "</td></tr>";
?>


</table>
```

```php
<?php

  print "<hr/>";

  print "合計冊数:";

  print Pform::$cnt;


?>


<?php


class Pform
{

    public $syomei = "書名";

    public $kakaku = 1500;

    public static $cnt=0;


    public function __construct($su, $nedan)
    {

       Pform::$cnt++;


          $this->syomei=$su;
```

```php
    if($nedan>=0 && $nedan<=5000){

        $this->kakaku=$nedan;

    }

    else

        $this->kakaku=-1;

    }
    public function getsyomei() {return $this->syomei;}
    public function getkakaku() {return $this->kakaku;}


}


?>


</body>
</html>
```

索引

・

.htaccess 11

1

1 次元配列 67

2

2 次元配列 110

A

Apache 16
array()を用いた配列のキーと値の一般形 89
array_merge 107
array_merge の一般形 109
array 文の一般形 87

C

class の一般形 130
compact 文の一般形 106
continue 文 73
count 文 83
count 文の一般形 85

D

date()関数 25
do while 文の一般形 61

E

each の一般形 94
EUC-JP 10
extract()の()内の 2 番目の変換方法 102
extract の一般形 102

F

foreach 文 80
foreach 文の一般形 82
for 文の一般形 52
function 文 116
function 文の一般形 117

I

if-elseif 文 37
if-else 文 34
if-複数文 31
if 文 29

K

ksort の一般形 99

M

mb_strlen 関数の一般形 160

O

ontinue 文の一般形 75

P

PHP プログラム作成手順 14
preg_match の一般形 167
preg_replace の一般形 172
print(sprintf 36
print 文 14

S

Shift_JIS コード 10
sort の一般形 96
sprintf 22
static 144
strlen(文字列) 157
strtolower(文字列) 164
strtoupper(文字列) 164
substr("対象文字列","開始位置","バイト");
 164
switch 文 41
switch 文の一般形 44

U

UTF-8 10
UTF-8 コードにする方法 11

W

while 文の一般形 59

X

XAMPP 5
xampp-control.exe 16
XAMPP の起動 9

お

オブジェクトの作成 128

か

カプセル化 136

き

キー配列 76, 78

く

クライアント 5
クラス 128
クラスとは 130

こ

コンストラクタ 140
コンストラクタの一般形 143

さ

サーバー 5

し

四則計算 26
実在 Web サーバからメールへ送信 187
写真行表示 56
書式設定 21

て

テキストボックスから送信 181

と

ドロップダウンメニュー 173
ドロップダウンメニューの一般形 174

は

派生クラス 146
派生クラスの一般形 150
半角文字列比較 156

ひ

日付表示 24

ふ

ファイル分割 151
フォーム 173
フォーム選択　送信 177
複数のオブジェクト作成 132

へ

変数代入 19

み

見出し表示 123

も

文字クラス 170

ら

ラジオボタンで選択して送信 183

り

リストフォーム 175

ろ

論理演算子 48

漢字　　　　　　　　　配列の追加 push...90

草野　泰秀（くさの　やすひで）

URL：http://www2s.biglobe.ne.jp/~y-kusano/

1　略歴

1974 年　岡山大学工学部電子工学科卒業

1976 年　岡山大学大学院工学研究科電子工学修了

1982 年　岡山県情報処理教育センター　指導主事

2003 年　岡山県立玉野光南高等学校情報科新設情報科長，情報管理室長を歴任後

2011 年　岡山理科大学非常勤講師，高知工科大学非常勤講師等　現在に至る

2　著書
・**N-BASIC** １００％活用法　　技術評論社
・Ｎ－６０ルンルンＢＡＳＩＣ　技術評論社
・教科書「電子技術」　実教出版　編集協力

・だれにでも手軽に **EXCEL** でできる **VBA** プログラミング　**amazon.co.jp**　**kindle** 版と **CreateSpace** 社　書籍版

・だれにでも手軽に **EXCEL** でできる **VBA** プログラミング問題解説 amazon.co.jp **kindle** 版と **CreateSpace** 社 書籍版

・ JavaScript 入門　対話型・動的ホームページ作成例題集　**kindle** 版と **CreateSpace** 社 書籍版

3　資格取得等

・第１種情報処理技術者試験（現応用技術者試験）
・第２種情報処理技術者試験（現基本情報技術者試験）
MOUS (Microsoft Office User Specialist)
Official Certificate of Achievement Microsoft Office User Specialist
Microsoft Excel 97 Proficient

4 Vector に登録している開発ソフト等 8 本

●<u>バイオリズム診断</u>, ●<u>バイオリズム相性診断</u>, ●<u>KCAI</u>, ●<u>年齢計算</u>, ●<u>時間だよ</u>,

●<u>CASL2 シミュレータ</u>, ●<u>糖塩分カロリー管理</u>, ●<u>食事管理カロリー計算</u>

5 YouTube への登録

22yassan のチャンネルで 63 本の動画をアップしている

PHP 入門 I

Web アプリケーション作成例題集

2015 年 8 月 13 日　　初版

著者　草野　泰秀

www.ingramcontent.com/pod-product-compliance
Lightning Source LLC
LaVergne TN
LVHW062314060326
832902LV00013B/2220